NOUVELLES OCCITANES
DU
MOYEN AGE

*Littérature du Moyen Age
dans la même collection*

Adam de LA HALLE, *Le Jeu de Robin et de Marion.*
Le Jeu de la feuillée.
Aucassin et Nicolette (texte original et français moderne).
CHRÉTIEN DE TROYES, *Yvain ou le chevalier au lion.*
Lancelot ou le chevalier de la charrette.
La Farce de Maître Pierre Pathelin (texte original et français moderne).
Farces du Moyen Age (texte original et français moderne).
DE LORRIS-DE MEUN, *Le Roman de la Rose* (texte original).
Le Roman de Renart (2 volumes, texte original et français moderne).
VILLEHARDOUIN, *La Conquête de Constantinople* (texte original).
VILLON, *Œuvres poétiques.*
VORAGINE, *La Légende dorée* (2 volumes, texte en français moderne).
RUTEBEUF, *Le Miracle de Théophile* (texte original et français moderne).

NOUVELLES OCCITANES DU MOYEN AGE

Textes établis, traduits et présentés
par
Jean-Charles HUCHET

**GF
FLAMMARION**

© 1992, Flammarion, Paris, pour cette édition.
ISBN : 2-08-070555-5

PRÉFACE

Je remercie Mme Geneviève Brunel-Lobrichon, de l'Institut de recherche et d'histoire des textes, et M. Olivier Collet, de l'Université de Genève, qui m'ont fourni des reproductions du manuscrit et ainsi facilité ma tâche. Je remercie M. Jean Dufournet, professeur à l'Université de la Sorbonne Nouvelle, d'avoir encouragé mon projet auprès des éditions Flammarion.

A côté de la poésie des troubadours, de ces quelque deux mille cinq cents textes attribués à quatre cent soixante auteurs qui, en deux siècles et demi, inventent pour l'Occident l'amour et la poésie, le roman occitan médiéval fait pâle figure. Moins d'une vingtaine de textes, souvent anonymes, conservés par des manuscrits uniques, amputés parfois jusqu'à n'être plus que des fragments ou des ébauches dont la qualité, pas plus que l'appartenance au genre romanesque, ne frappe le lecteur comme une évidence [1]. On peut additionner les souvenirs diffus de textes perdus, confondre à l'envi allusions et textes, on ne parviendra pas à augmenter de manière conséquente le corpus et à lui donner consistance, cohérence et originalité. Une comparaison sommaire avec le roman de langue d'oïl qui a su, en un demi-siècle (seconde moitié du XIIe siècle), renouveler ses sources d'inspiration et se préparer à la révolution de la prose, s'avérerait d'ailleurs vite accablante. La tradition romanesque occitane, comme la tradition épique, est sinistrée et inconsistante. En terre d'oc, le roman fut, au Moyen Age, un genre minoritaire [2].

1. Sur le corpus, cf. E. Müller, *Die altprovenzalische Versnovelle*, Halle, 1930.
2. Cf. sur ce point J.-C. Huchet, *Le Roman occitan médiéval*, Paris, P.U.F., 1991.

Longtemps déniée par certains critiques, qui voulurent voir dans les textes conservés les restes d'une tradition narrative non seulement florissante mais antérieure à ses autres manifestations européennes [1], la secondarité du roman occitan médiéval ne s'explique que par l'extrême vitalité de la lyrique. Dès l'origine, la poésie des troubadours sut prendre en charge l'expression des différentes préoccupations humaines : l'amour, par l'élaboration d'une érotique sophistiquée (la *fin'amor*) inversant les modes de sujétion sociale et biologique, la guerre, la politique, la morale, le commerce avec Dieu, la mort, mais aussi, avec moins de sérieux, la raillerie, grivoise ou simplement humoristique... A la diversité de ces préoccupations correspond la variété des formes de l'expression lyrique : la *canso* confesse la sujétion à la Dame ou à la Vierge, le *sirventés* dénonce l'abaissement des mœurs ou tonne contre les fossoyeurs des valeurs courtoises, le *planh* déplore la disparition d'un protecteur et constitue une rencontre littéraire avec la mort... Lorsque l'Occitanie se francisera à la suite de la Croisade contre les Albigeois, lorsque la reprise en main religieuse se fera plus insistante, cette lyrique saura composer avec l'adversité et fixer par écrit sa tradition orale, appelée à servir de mémoire et de véhicule à l'identité culturelle occitane. Formellement et thématiquement cohérente, consciente d'elle-même lorsqu'elle devient l'objet d'une réflexion grammaticale et poétique, la lyrique troubadouresque possède une histoire, qui commence à s'écrire dès le XIIIe siècle avec les *Vidas* et les *Razos* (les biographies des troubadours). Histoire impossible à esquisser à propos du roman.

Dans cet espace saturé par la lyrique, il n'y avait guère de place pour que le roman trouve sa voie et fasse entendre une voix propre. Aussi est-il significatif que le maigre corpus qui nous a été légué puisse se

---

1. Pour l'analyse de cette tradition critique, cf. J.-C. Huchet, *Du poème au roman. Genèse et fortune du roman occitan médiéval*, Thèse de doctorat d'État, Université de Paris IV, tome 1, 1990.

répartir en deux grandes tendances. L'une tente d'introduire dans la culture occitane des traditions allogènes : le roman arthurien, par exemple, avec *Jaufré* et *Blandin de Cornouaille,* ou le roman d'aventure *(Guillaume de la Barre)* ; elle survit pour l'essentiel d'imitations ou de traductions *(Barlaam et Josaphat, Roman d'Arles, Roman d'Esther...).* L'autre, plus originale, s'inspire de la lyrique et constitue ce qu'on pourrait appeler un « romanesque poétique », un romanesque s'inspirant de la poésie troubadouresque et la prolongeant. Ce courant, auquel appartiennent les quatre textes donnés à lire, recouvre presque complètement ce que les manuscrits et les traités de poétique appellent les *novas.*

Toujours au pluriel en occitan ancien, le mot *novas* (de *nou* — « neuf », « nouveau », issus du latin *novus*), féminin pluriel substantivé, signifie à la fois « choses nouvelles », informations échangées par exemple à l'occasion d'une rencontre, et « récit », « conte », « nouvelle » et désigne un genre littéraire dont les constituants formels et thématiques demeurent instables. Les *novas* occitanes du Moyen Age ne correspondent pas nécessairement au genre de la nouvelle tel qu'il s'est constitué historiquement ; un traité de lutte anticathare (*Las novas del heretje*) pourra être qualifié de *novas* par le copiste du manuscrit qui l'a conservé, sans qu'il paraisse pour autant le moins du monde narratif. La brièveté qui caractérise pour le lecteur moderne la nouvelle n'est pas un critère suffisant d'identification générique des *novas ; Flamenca,* un roman de plus de huit mille vers, dont le début et la fin manquent, se qualifie lui-même de *novas* [1]. Bien que courts, les quatre textes présentés mettent en perspective l'élasticité de la brièveté des *novas* : aux trois cents vers de *Las novas del papagay* répondent les mille sept cents vers d'*Abril issia*, dont l'aspect narratif n'est pas constant. Le seul caractère

---

1. *Flamenca. Roman occitan du XIIIe siècle,* éd. et trad. J.-C. Huchet, Paris, U.G.E., 10/18, v. 250.

stable des *novas* est leur recours au distique d'octosyllabes (le vers narratif par excellence) — bien qu'un traité de poétique comme les *Leys d'Amors* n'exclue pas qu'elles puissent être structurées par des strophes.

La dette contractée par les *novas* à l'égard de la poésie troubadouresque est formelle et thématique. La structure de *Las novas del papagay* emprunte à un genre de la tradition lyrique — la *tenso* —, à une forme de dialogue poétique dans lequel le troubadour échange, avec un interlocuteur réel ou fictif, des propos mettant en scène, grâce à l'alternance de strophes sur les mêmes schémas formels, une divergence d'opinions sur des questions amoureuses ou non, sérieuses ou futiles. *Las novas del papagay* content comment un perroquet, parlant au nom d'Antiphanor son maître, parvient à séduire une femme que son mari fait garder dans un jardin clos ; d'abord réticente, la dame, séduite par la faconde de l'oiseau parleur, consent à l'amour qui lui est offert et accepte d'Antiphanor un rendez-vous qu'un incendie, opportunément allumé au château par l'oiseau, rendra possible ; le feu maîtrisé, les amants qui s'aimaient à l'ombre d'un laurier, doivent se séparer sur l'invitation pressante du perroquet. Illustrant la capacité de la parole à faire naître le désir et à légitimer les amours adultères, les cent dix premiers vers (partie commune aux deux versions connues) du court récit d'Arnaut de Carcassès reposent sur l'alternance de six monologues[1] qui constituent autant de strophes (*coblas*), plus ou moins étendues, de *tenso*. Comme dans ce sous-genre de la tradition lyrique, le perroquet et la dame prennent alternativement la parole à la première personne et, parfois, pour un nombre équivalent de vers. La plupart du temps, les monologues s'ouvrent par un

---

1. Cf. R. Lafont, Des nouvelles du perroquet, *Revue des langues romanes*, XCII, 1988, p. 383-397.

vocatif interpellant l'allocutaire (« Dame... », « Ami... ») afin de l'identifier, à la manière des strophes d'une *tenso* mixte. La matrice structurale du noyau initial de la nouvelle provient de la *tenso* dont le principe de fonctionnement se laisse deviner sous le travail d'homogénéisation de la mise en récit et du distique d'octosyllabes.

La dette formelle de *En aquel temps c'om era jays* de Raimon Vidal de Besalú à l'égard de la lyrique n'est pas moins lourde. Ce texte de près de mille quatre cents vers dans la version retenue juxtapose lui aussi les monologues de trois personnes, deux femmes et un chevalier ; ce dernier, amoureux éconduit d'une Dame sans merci le jour où, après une cour de sept ans, il a réclamé quelque gratification charnelle, porte son amour vers une demoiselle qui l'a consolé ; irritée par cette infidélité, la Dame réclame son chevalier, qui refuse de lui revenir, à la demoiselle qui refuse de le lui rendre ; le litige sera porté devant un juge — Hugues de Mataplana — qui tranchera en faveur de la Dame, tout en l'invitant à se montrer moins inhumaine. Les échanges sont réglés par une alternance de monologues, ressemblant là aussi à des strophes de *tensos* dont on aurait effacé les vocatifs d'attaque, remplacés par les mentions des locuteurs fournies par le narrateur. Le recours à un juge fait glisser le texte de la *tenso* au *partimen*, un autre débat poétique entre deux ou plusieurs personnes traitant d'une question de casuistique amoureuse, appelant une autorité extérieure pour délivrer une sentence censée extraire la sagesse du débat.

Dans *En aquel temps,* comme dans *Abril issia,* la présence de la poésie se fait plus directe encore grâce aux citations de fragments lyriques empruntés aux troubadours connus de l'auteur ; discrètes et ponctuelles (au nombre de dix) dans *Abril issia,* ces citations deviennent plus nombreuses (trente-neuf) dans *En aquel temps* et donnent une indication de la culture littéraire de Raimon Vidal de Besalú [1] ou de ses engouements (il cite neuf fois [2] le seul Raimon de Miraval). Elles font entendre dans le récit ou le discours une autre voix, la voix de la poésie appelée à incarner une autorité amoureuse ou morale qui impose une hiérarchie des discours littéraires et met clairement en perspective la secondarité de la narration. Cette pratique, à l'origine théologique et didactique, donne aux troubadours le statut de Pères de cette théologie profane qu'est la *fin'amor* et confère aux deux *novas* un caractère de gloses, une dimension didactique qui fait parfois douter de leur appartenance à la tradition narrative. Néanmoins, ces citations n'interviennent pas que comme des illustrations, des preuves ou des arguments apportés dans le débat ou la démonstration ; elles peuvent posséder une fonction dans le récit. Dans *En aquel temps*, le chevalier laisse deviner sa décision de s'éloigner de la Dame à l'aide d'une citation de Bernart de Ventadorn (v. 167-168) ; tout en légitimant la décision prise, la citation permet de dire ce qui ne saurait l'être, de faire articuler par une autre voix ce que le sujet ne peut dire sans se perdre à jamais en perdant celle qui est sa vie, celle qui, pendant plus de sept ans, a donné un sens à son existence. Grâce à la citation, le récit profile une de ses possibilités de développement, inscrit résolument sa cause dans le champ de la lyrique et démontre son intention de la continuer par d'autres moyens, de s'approprier la voix de la poésie pour en renouveler les sonorités et faire résonner dans la nouveauté du mot *novas* l'éternelle nouveauté des troubadours.

Le degré de dépendance à l'égard de la lyrique explique l'existence de deux versions de *Las novas del papagay*. La plus prisée des éditeurs, connue par le manuscrit R, est résolument narrative ; elle contient

---

1. Il emprunte à vingt et un troubadours, dont cinq anonymes, dont la production est antérieure au premier quart du XIIIe siècle et coïncide avec ce que l'on a appelé « l'âge d'or » de la lyrique troubadouresque.
2. Pour deux fois dans *Abril issia*.

notamment l'épisode (éminemment narratif) de l'incendie allumé par le perroquet permettant aux amants de se rejoindre pendant que les gardiens de la dame tentent de le circonscrire. Cette version s'achève sur la séparation rapide des amants une fois l'incendie maîtrisé et une rapide mise en garde des jaloux (v. 295-299). Il existe une seconde version de la nouvelle, connue par le manuscrit J, qui suit la précédente dans le premier tiers, s'en dégage à partir du moment où la dame décide d'aimer Antiphanor et s'en écarte résolument dans la partie finale où elle donne longuement la parole au personnage masculin. Les cinquante-six derniers vers, énoncés à la première personne, constituent une cauda lyrique (un « salut » d'amour) dont l'autonomie a été perçue par les copistes des manuscrit G et D qui les ont consignés à part, sans le reste du texte. De plus, le scribe de G a senti le caractère lyrique de cette fin puisqu'il l'a copiée immédiatement après un « salut » d'Arnaut de Mareuil. Ainsi s'opposent une « version narrative » et une « version lyrique »[1]. Le texte de J conserve la trace d'un assujettissement plus marqué à la lyrique, dont se serait démarqué l'auteur de R en supprimant ou en omettant, d'une part, le « salut » final et, d'autre part, en introduisant un adjuvant supplémentaire (l'incendie) qui objective, par une métaphore, la violence poussant les amants à s'étreindre afin d'éteindre le feu de leur désir.

Nul ne contestera jamais le caractère narratif du *Castia gilos* de Raimon Vidal de Besalú, cette manière de fabliau occitan qui raconte, sur un rythme soutenu, comment un mari, par sa jalousie, va conduire son épouse à le tromper et à le faire rosser pour couvrir l'infidélité constituant l'instrument secret de sa vengeance. Ni celui de la fin de *Las novas del papagay* qui

---

[1]. A. Limentani, Cifra cortese e contenimento del narrativo, *L'Eccezione narrativa. La Provenza medievale e l'arte del racconto*, Turin, 1977, p. 383-397.

réunit les amants pour une brève étreinte. Il n'en est pas de même pour *Abril issia* (plus souvent considéré comme un *ensenhamen* — un enseignement — que comme *unas novas*) et pour *En aquel temps* dépendants de la poésie didactique ou amoureuse. Tout porte à croire que la chronologie relative des trois textes de Raimon Vidal donnés à lire met en perspective un acheminement progressif vers le romanesque grâce à des textes de plus en plus résolument narratifs. *Abril issia* (entre 1199 et 1213) est plus un texte didactique qu'*unas novas* ; construit en diptyque, il juxtapose un premier volet rapportant la rencontre d'un « je » avec un jeune jongleur qui lui raconte son séjour à la cour du Dauphin d'Auvergne et sa quête d'une explication de la décadence des valeurs courtoises, à un second volet (à partir du vers 665) où le « je » délivre un enseignement mettant un terme à la quête et propose une réparation de la décadence par une transformation morale du sujet courtois. Placée dans un temps lyrique (le renouveau printanier qui ouvre nombre de pièces des troubadours), la rencontre constitue bien un événement narratif puisqu'elle conduit à une caractérisation des deux acteurs : description vestimentaire du jongleur, évocation rapide de la mélancolie du narrateur. D'une certaine manière, quelque disert que paraisse parfois le texte, sa structure repose sur une quête (une quête de savoir), matrice de tout récit, au terme de laquelle les acteurs de ce récit immobile se trouvent transformés. De plus, les discours — notamment ceux qui composent la première partie — sont narrativisés par le recours au procédé de la mise en abîme : le jongleur rapporte à la première personne le discours que lui a tenu le Dauphin d'Auvergne à l'intérieur duquel s'enchâsse un conte qui court sur plus de cent soixante vers. Autant de procédés sophistiqués qui relèveront du roman. *En aquel temps* (entre 1199 et 1213, mais postérieur à *Abril issia*) s'engage plus résolument dans la voie narrative, quelque importante que soit sa dette à l'égard de la lyrique. Ce que reconnaît le copiste du manuscrit N qui parle à son endroit de « novas rials », de « nouvelle royale ». La volonté de caractériser les acteurs de ce drame amoureux infime rompt d'entrée avec les habitudes de la poésie troubadouresque où le « je » n'est jamais déterminé que par la parole adressée à la Dame, où la Dame s'avère moins individualisée que rapportée à une essence, à une idée de la féminité. Le chevalier reste privé de nom (« son nom no.us dic /[...]/car no.l say », v. 8-9), mais son anonymat fonctionne comme une particularité liée à l'infériorité de sa naissance (« non era dels baros majors », v.11) ; sa non-caractérisation est une caractérisation finalement plus efficace que le nom qui fixe l'identité de l'amant de l'épouse infidèle du *Castia Gilos*. Sa véritable caractérisation s'effectuera essentiellement par le truchement des discours tenus, chaque personne s'avérant à terme le sujet de ses propres paroles ou de l'appropriation de celles des autres (les citations). La structuration des discours dira, en deçà des propos tenus, les aléas du cœur ou les fluctuations du désir et créera l'illusion d'une vie intérieure. Si l'on considère avec T. Todorov qu'un récit est une suite d'équilibres rompus et restaurés conduisant à ce que la situation finale se superpose ou non à la situation initiale [1], *En aquel temps* constitue bien un récit. La longue attente amoureuse du chevalier fixe la situation initiale que fait basculer la requête pressante de la récompense ; le changement d'objet de désir du chevalier et le revirement de la Dame restituent des équilibres intermédiaires scandant la progression du récit, dont la précarité apparaît à l'instant où la partition des opinions des deux femmes transforme l'équilibre en impasse et requiert l'intervention d'un tiers, une dernière rupture rétablissant l'équilibre initial, puisque Hugues de Mataplana jugera que la demoiselle doit rendre sa liberté au chevalier et que ce dernier doit se montrer fidèle à son premier objet d'amour (v. 1369-1375).

---

1. T. Todorov, La grammaire du récit, *Poétique de la prose*, Paris, Seuil, p. 121.

Situation initiale et situation finale se superposent ici parfaitement ; la rupture qui impulsa la dynamique du récit n'eut d'autre fonction que d'approfondir la vérité de la *fin'amor* et d'en édicter la loi. La quasi-identité des situations au début et au terme des quatre récits irréalise l'événement, qui reste d'ailleurs caché à certains protagonistes secondaires dans deux des récits (les maris du *Castia Gilos* et de *Las novas del papagay*), et lui confère une dimension purement intérieure. Qu'adviendra-t-il de la dame de *Las novas del papagay* Antiphanor parti ? L'incendie éteint, la clôture du verger se refermera sans doute sur elle, la laissant au souvenir d'un acte qui concrétisa la liberté intérieure conférée par l'amour.

Les trois textes attribués à Raimon Vidal de Besalú composent un triptyque dont la structure donne à voir le passage de la poésie au roman définissant le projet littéraire des *novas*. Il est significatif que chacun des trois textes se préoccupe de la question de la transmission : de sa propre transmission à travers la présence du jongleur [1] — ce tiers exclu du monologue amoureux adressé par le troubadour à sa Dame devenant ici personnage à part entière — et d'une traversée de la lyrique vers le roman. *Abril issia* porte sur le report des valeurs courtoises d'une génération à l'autre ; l'interrogation que le jeune jongleur adresse au narrateur sur la décadence du temps lui permettra de découvrir les qualités requises pour que revivent les valeurs qui auréolaient l'époque de son père, pour que le présent assure le renouveau du passé, comme *las novas* celui de la poésie. Ce transfert est d'ailleurs mis en abîme par un récit oriental enchâssé (v. 286-448) racontant comment un dignitaire musulman reçut du sultan un signe qui devait affirmer le prestige de son lignage à l'exclusion de tout autre. Ce signe distinctif constituait une manière de mémoire du lignage assurant le transfert d'une identité immuable,

---

1. Cf. sur ce point A. Limentani, L'io et la memoria, il mecenate e il giullare nelle novas di Raimon Vidal, *L'Eccezione narrativa. La Provenza medievale e l'arte del racconto, op. cit.*, p. 45-60.

jusqu'au jour où un autre dignitaire, par ignorance, s'appropria le signe ; menacé de mort, il ne dut son salut qu'à la preuve apportée d'un mérite identique au fondateur du premier lignage. Au report à l'identique est préféré un mode de transmission supposant une rupture, un saut qualitatif qui pourrait bien imager l'ambition du romanesque poétique : assurer par d'autres voies textuelles la transmission de la lyrique troubadouresque. Dans *En aquel temps*, la troisième partie (v. 1061-1085), dans laquelle Hugues de Mataplana rend son jugement, est précédée d'un exorde un peu laborieux (v. 1061-1153), où un jongleur rapporte le contenu des deux premières parties — ce *partimen* à trois locuteurs que le texte appelle un « joc partit d'amor » — en le présentant comme des *novas*, comme des nouvelles (v. 1098) devenant une « nouvelle », la forme nouvelle donnée à un échange initialement lyrique. Le narrateur, qui organisait l'échange des protagonistes des deux premières parties, devient ainsi l'auditeur de son récit raconté par un jongleur et par Hugues qui repasse les différentes positions avant de trancher le litige. Dans le récit rapporté, le contenu est résumé et interprété ; il importe moins que le transfert de l'énonciation, du « je » au « il », du lyrisme au romanesque. Le *Castia Gilos* figure le point d'aboutissement d'une logique visant à émanciper la narration de tout support formel lyrique. Ce court texte fait lui aussi intervenir un jongleur au début et à la fin du texte ; il représente d'abord l'instance d'où le narrateur reçoit le texte (v. 1-2), mais il est aussi acteur dans la mise en scène de l'acte de transmission de l'histoire, tout comme le roi de Castille, le destinataire de l'histoire racontée. Un premier glissement s'effectue à l'instant où le roi quitte sa position de destinataire et intervient dans le récit pour nommer un personnage (v. 64-65). Intervention réitérée dans l'épilogue où le roi donne un titre à la « nouvelle » (« E vuelh c'om las apel mest nost/tos temps may : *Castia Gilos* », v. 441-442). Il ne s'agit pas seulement là d'un effet de réel, renvoyant à une situation de transmission observable, mais de l'appropriation du « cumte » par ses personnages, d'un brouillage volontaire des positions à l'intérieur de l'acte littéraire, d'une représentation de l'ouverture du texte à ce qui lui est extérieur. Le jongleur — le transmetteur obligé de la poésie — s'y trouve dépossédé du texte qui acquiert ainsi une vie autonome. Cet échange des positions du narrateur et du narrataire s'avère en parfaite adéquation avec le contenu du récit qui porte sur une usurpation d'identité avortée. Pour essayer de confondre l'adultère supposé de son épouse, Amfos de Barbastre tente en vain de se faire passer pour son amant (Bascol de Cotanda) ; reconnu, il est roué de coups, cependant que la dame court rejoindre dans son lit Bascol et le prend une nuit pour époux. Un homme donc à la place d'un autre, le narrataire (le personnage destinataire de la fiction) à la place du narrateur, le narrateur usurpant dans le texte la place du jongleur... Le jeu des substitutions est encore plus subtilement réglé par la fiction puisque le narrataire (le « rey de Castela, n'Amfos », v.5) et le seigneur de Barbastre portent le même prénom (« Amfos »), tout comme la dissimulation de l'épouse s'anticipait métaphoriquement dans le voilement du corps (v. 18) de Liénor, la reine de Castille. Ces substitutions n'ont pas d'autre fonction que de délocaliser, de disséminer l'instance narrative tout en la situant à l'intérieur du texte, à assurer par le truchement du jeu fictionnel le passage de la première personne (discours lyrique) à la non-personne du discours narratif. Dès lors, la nouvelle a bien acquis un statut propre en situant son énonciation dans l'espace du texte, en découvrant l'extrême complexité d'une énonciation nouvelle, plurielle, plus complexe que le « je » de la lyrique. Il faut donc lire les trois textes de Raimon Vidal de Besalú dans l'ordre chronologique où ils sont présentés pour reparcourir ce chemin qui va du poème au roman.

La dette thématique des quatre *novas* à l'égard de la lyrique n'est pas moins conséquente ; son évaluation devrait permettre de souligner leur intérêt exceptionnel pour qui veut comprendre la culture occitane du Moyen Age. A l'orée du XIIe siècle, les troubadours inventent l'amour, la poésie et définissent progressivement un art de vivre (la *cortezia*) dont le degré de réalisation sociale importe moins que la cohérence textuelle et la logique permettant de tirer de l'amour une conception globale de l'homme. Sur l'érotique des troubadours, tout (ou presque) a été dit [1], sans qu'on soit parvenu à s'expliquer de manière définitivement satisfaisante les causes de ce phénomène culturel qui s'emploie à promouvoir un culte de la femme dans une société où les structures lignagères et une misogynie ambiante (cléricale et aristocratique) la maintiennent dans un incontestable état d'infériorité juridique et sociale. La *fin'amor* est une représentation littéraire, qu'on évitera de confondre avec la réalité des comportements amoureux dans la société occitane médiévale, la mise en œuvre poétique d'un processus de sublimation de la sexualité humaine, qui s'est initialement tenu en marge de la religion avant d'être rattrapé par elle dans la seconde moitié du XIIIe siècle. Interrogation masculine de l'absolue différence, dont la féminité incarne l'énigme inquiétante ou idéalisée, la *fin'amor* propose un culte du désir dont chaque poème rouvre l'espace en creusant la blessure du manque ; elle enseigne qu'en matière de sexualité l'acte (le *fach*) n'est pas rapport, qu'il fait mourir l'amour comme le chante Guiraut Riquier au XIIIe siècle, et qu'il faut mieux y renoncer, en faire une promesse à l'horizon du désir qu'on se gardera bien de tenir ou qu'on laissera au caprice ou à la merci de la Dame. La femme ne s'atteint qu'à être manquée, à travers les mots qui la chantent, la font *domna*, Dame,

---

1. La description la plus complète (et toujours d'actualité) de cet art d'aimer a été fournie par R. Nelli, *L'Erotique des troubadours*, Toulouse, Privat, 1959 et 1984, Paris, 2 vol., U.G.E., 10/18, 1974 ; cf. aussi J.-C. Huchet, *L'Amour discourtois*, Toulouse, Privat, 1987.

maîtresse absolue, et la tiennent à distance ou signent sa disparition. L'*amor de lonh* de Jaufré Rudel, aimé « ses vezer » et « dont il n'a jamais joui et dont il ne jouira jamais [1] » représente l'objet amoureux paradoxal et emblématique du désir troubadouresque. Invitant au deuil de la jouissance (*jauzimen*), le langage poétique propose une alchimie du désir insatisfait qui, de la souffrance de l'insatisfaction, distille du plaisir, une jouissance chaste faite d'exaltation et d'ouverture sur le monde que les textes appellent le *joy*, terme qu'on ne saurait traduire d'une manière satisfaisante par « joie [2] ». La christianisation de la *fin'amor* dans la seconde moitié du XIIIe siècle, la substitution de la Vierge à la Dame n'affecteront pas foncièrement la structure de l'érotique troubadouresque, mais relanceront et renforceront le processus de sublimation qui la définit, soulignant encore davantage le paradoxe de cette érotique de la continence.

Les modifications apportées par les *novas* à l'érotique des troubadours viennent pour partie des contraintes propres à la narration, à la caractérisation des personnages notamment. La Dame ne saurait y rester l'énigme muette à laquelle le troubadour adresse sa plainte et dont le silence constitue la condition même de la parole poétique ; la Dame devient une femme à travers la parole qui lui est déléguée dont l'individualisation dépend proportionnellement de son engagement dans la narration. Même si elle parle, la dame de *En aquel temps* reste plus proche de la belle inflexible vénérée par le troubadour que l'Elvire du *Castia Gilos*. L'humanisation de la Dame entreprise par les *novas* s'accomplit définitivement avec sa découverte de l'amour. « Rêve de pierre » ou femme interdite parce qu'épouse du Maître, la Dame ne répondait jamais ni à la parole ni au désir, sauf pour combler un rival du troubadour et marquer ainsi le

---

1. Lanquan li jor son lonc en may, pièce V de l'éd. R. T. Pickens, *The Songs of Jaufré Rudel*, Toronto, Pontifical of medieval studies, 1978, v. 8 de la version 1.
2. Cf. C. Camproux, *Le Joy des troubadours*, Montpellier, 1965.

caractère arbitraire de la loi qu'elle incarne ; en revanche, la femme des *novas* découvre le désir avec le langage, est mise à l'épreuve du désir par le langage. C'est la leçon de *Las novas del papagay* où la dame est progressivement séduite par l'habileté rhétorique du perroquet et consent au désir d'Antiphanor dont l'oiseau parleur s'est fait l'habile interprète pour mieux imager l'autonomie du langage. L'acte amoureux vient sceller l'expérience d'une vérité évidente, néanmoins toujours à redécouvrir : la sexualité humaine est davantage assujettie à l'ordre du langage qu'à celui du corps. De même, dans le *Castia Gilos*, c'est le langage, la parole des conseillers malveillants qui fera naître chez Alphonse de Barbastre la jalousie ; c'est encore la parole, le discours travesti qu'il tiendra à son épouse en essayant de se faire passer pour son rival, qui conduira cette dernière à se donner à Bascol de Cotanda. Non seulement le langage humanise, mais, en ouvrant à la vérité du désir, il construit une égalité des partenaires qui légitime l'acte amoureux et défait l'aliénation du sujet lyrique. La relation du troubadour à la Dame était dysharmonique, une forme de vasselage délicieusement consenti ; celle que construisent progressivement les *novas* tend vers une manière d'équilibre qui, sans défaire les dépendances sociales, recherche une parité intérieure faite de consentement, d'ouverture à l'autre afin que le jeu amoureux se joue « a joc par », à égalité, comme le dira *Flamenca* vers 1272.

L'humanisation de la Dame et de la *fin'amor* entreprise par les *novas* se mesure à la nouvelle légitimité conférée à l'acte sexuel ; les héroïnes romanesques consentent ce que le silence et l'idéalisation de la Dame interdisaient. La promesse non tenue et intenable de la lyrique, toujours formulée à l'optatif pour que de son suspens naisse la plainte dont l'effusion poétique se soutient, s'inscrit dans le présent du récit. La dame de *Las novas del papagay* ne s'y dérobe pas, pas plus que l'Elvire du *Castia Gilos* qui trouve l'occasion de se venger du jaloux tout en satisfaisant Bascol de Cotanda. C'est sans doute la leçon de *En aquel temps* et de la double sanction morale apportée à la dame éconduisant son chevalier qui lui réclamait, après une cour de sept ans, une récompense plus substantielle qu'un courtois accueil. Même si le texte n'en dit rien, la demoiselle sut sans doute se montrer moins inflexible ; et le jugement final confirme la leçon des faits en rappelant au chevalier la nécessité de rester fidèle à un premier objet d'amour et à la Dame celle de se montrer plus humaine, entendons de consentir au *fach* lorsque celui-ci a été préparé par une longue attente le validant moralement. Les *novas* militent implicitement pour une forme d'hédonisme courtois et pour une érotique plus réaliste, sans doute aussi davantage à l'écoute des pulsions et des contraintes de la reproduction sociale. La *fin'amor* ne refoule plus le *fach*, mais elle l'intègre dans une démarche d'amélioration qualitative du sujet désirant qui lui donne sa dimension proprement humaine. Là donc où la lyrique développait une conception de l'amour faisant l'économie de l'acte, afin de répondre à une réalité où l'acte assurait sans amour la reproduction sociale, les *novas* cherchent une voie médiane et conciliatrice où l'amour est appelé à légitimer l'acte. L'érotique du roman est une érotique de compromis.

Une des caractéristiques de l'art d'aimer élaboré par les *novas* [1] est la place accordée à la jalousie, tout particulièrement dans le *Castia Gilos* à l'intérieur du corpus restreint que nous donnons à lire. Il est difficile de croire que le « jaloux puni » (c'est le sens de « castia gilos ») ait constitué un motif narratif obligé, encore moins un « genre » comme le pensaient R. Nelli [2] et P. Bec [3] ; le corpus reste trop peu conséquent pour

---

1. Cf. M.-D. Luce-Dudemaine, *La fin'amor dans la littérature romanesque occitane du XIIIe siècle*, Thèse de doctorat de 3e cycle, Université de Caen, 1985.
2. *Les Troubadours. Le trésor poétique de l'Occitanie*, t. 2, Bruges, 1966, p. 217-218.
3. Arnaut de Carcassés, *Las Novas del papagai*, éd. et trad., Mussidan, Fédérop, 1988, p. 11.

valider l'hypothèse [1]. La jalousie n'est pas un sentiment lyrique ; le jaloux s'y confond avec le *lauzenjador*, avec le tiers interdicteur dont l'action et les propos s'efforcent de séparer le troubadour de sa Dame. *Las novas del papagay* obéit encore à cette structure-là. Le jaloux n'apparaît pas en tant que tel sur la scène du récit ; on peut supposer que la clôture du verger, dans lequel est enfermée la dame, ainsi que les guetteurs laissent deviner la jalousie du mari que la dame déclare aimer au début de la nouvelle (v. 42). L'épilogue édifiant destiné à « los maritz castïar » (v. 295) constitue une pièce rapportée, significativement absente de la version lyrique du manuscrit J, qui tire artificiellement le récit vers le châtiment de la jalousie sans qu'on puisse voir là l'enseignement véritable du texte. Dans le *Castia Gilos*, comme dans *Flamenca*, la jalousie, à l'instar de l'obscénité dans la lyrique, sert de négatif révélant les caractères de la *fin'amor* ; elle est son envers monstrueux. Comme l'amour, elle est égarement, lecture erronée des signes ; comme l'amour elle est le fruit d'une parole ou d'une mise en garde qui fait douloureusement son chemin et qu'on veut mettre à l'épreuve des faits pensant qu'elle se confond avec la vérité... Pourquoi constitue-t-elle néanmoins un sentiment dégradant, entraînant le châtiment (notamment corporel, Amfos de Barbastre est roué de coups) de celui qui s'y abandonne ? Parce que la jalousie attente au culte de la femme sur lequel repose la *fin'amor* en prétendant forcer l'énigme de son désir. *Castia gilos* réaffirme curieusement la supériorité féminine en soulignant l'art consommé du mensonge qui caractérise les femmes (v. 418-422). Façon de dire qu'on ignore tout de la féminité, qu'elle incarne l'altérité absolue que prétend entamer le jaloux, ne fût-ce qu'en essayant de dévoiler l'objet secret de son désir. De plus, la jalousie se définit par un mouvement contraire à la dynamique et à la structure imaginaire de la *fin'amor* qui fait de la *domna* un

---

1. Il ne se composerait guère que de *Castia gilos* et de *Flamenca*.

bien collectif [1]. Femme du *dominus*, réservée à la jouissance d'un seul, la Dame est interdite à la jouissance de tous pour mieux incarner l'objet d'un désir insatisfait qui fait de la frustration un facteur de cohésion et d'émulation du groupe des hommes. Dans l'imaginaire féodal où s'enracine la *fin'amor*, le *dominus* doit consentir à ce que la Dame soit un bien collectif fictif indivis de ces féaux ; le caractère collectif des désirs dont elle est l'objet neutralise la charge sexuelle dont ils demeurent porteurs mais conserve leur dynamique de rivalité et la transforme en facteur d'accroissement de la sociabilité. On ne se fait pas la guerre pour posséder la Dame, mais on décante de son désir tout ce qui est susceptible d'accroître le mérite auprès de celle dont on guette l'approbation et dont on n'espère que l'agrément, soit la reconnaissance de la transformation morale d'un sujet par un désir enfin digne de son objet. Le jaloux rompt le contrat tacite qui lie le *dominus* à ses féaux ; il privatise (généralement par l'enfermement) un bien collectif qu'il suppose confisqué par un seul. La jalousie d'Amfos de Barbastre impulse une quête de savoir sur cet accaparement fictif initial ; elle est dangereuse parce qu'elle avère ce qu'elle prétend interdire (Elvire se précipite dans la couche de Bascol) et prive la cour d'un de ses meilleurs chevaliers, appauvrit la société courtoise. La jalousie est un mal (« laia malautia », v. 429) individuel et social qui diminue l'aptitude à la sociabilité caractérisant l'homme courtois (v. 432-433). Aussi la leçon de *Las novas del papagay* est-elle claire : il faut « châtier les maris qui veulent garder leur épouse » (v. 295-296), entendons qu'il faut laisser les femmes, à travers lesquelles s'incarne la Dame, être l'objet vers lequel convergent les désirs porteurs d'un principe de sociabilité. L'intérêt de *Las novas del papagay* et de *Castia*

---

1. Cf. G. Duby, A propos de l'amour qu'on dit courtois, *Mâle Moyen Age*, Paris, Flammarion, 1988, p. 74-82 et J.-C. Huchet, *L'Amour discourtois, op. cit.*, p. 19-27.

Gilos réside donc dans la mise à l'épreuve par la jalousie de la structure profonde de l'imaginaire courtois et du principe civilisateur inhérent à la *fin'amor*.

Grâce à la fiction, les *novas* dégagent l'éthique dont l'érotique des troubadours s'avérait porteuse. Ethique qui peut faire l'objet d'un discours indépendant de toute référence à l'amour comme dans *Abril issia*. Essentiellement didactique, ce texte se présente comme une tentative de réponse à une demande de savoir, formulée par un jeune jongleur à l'endroit du narrateur appelé à prendre la place du Dauphin d'Auvergne destinataire initial de la même demande, portant sur l'état moral du monde promis à une décadence rapide. Même si ce texte n'interroge pas sur l'amour, il n'en obéit pas moins au mouvement même du désir qui s'appréhende à travers le malaise du manque. A l'insatisfaction morale du jeune jongleur correspond d'ailleurs celle du narrateur rendu pensif par l'amour (v. 13-14). Le rapprochement des affects des deux personnages met en perspective la dynamique de la sublimation qui désexualise l'objet du désir pour l'élever à la dignité d'une préoccupation morale. On peut donc dire que la chronologie des trois textes attribués à Raimon Vidal de Besalú peut se lire à la fois comme un acheminement vers le romanesque et comme une remontée à l'envers du processus de sublimation constitutif de la *fin'amor*. Le moins narratif des textes (*Abril issia*) inventorie et met en système les valeurs courtoises issues de l'alchimie éthique de la *fin'amor*, là où le plus narratif (*Castia gilos*) scrute la jalousie, l'envers immoral et socialement perturbant de l'amour qui montre l'homme assujetti à la pulsion. Les *novas* entreprennent un travail de désublimation qui se veut moins une critique de la *fin'amor* que l'expression d'une volonté de savoir dont la mise en fiction devient le nouvel outil.

Le jongleur et le narrateur d'*Abril issia* vivent le monde comme des sujets amoureux, mélancoliques et endeuillés par une perte, inconsolables de la disparition d'un temps paré de toutes les vertus. Disparition indépendante des mouvements même de l'Histoire qui entame d'une manière irrémédiable le présent mesuré à l'aune d'un passé mythique, où l'amour donnait aux chevaliers le goût des tournois et des guerres, où s'exaltaient les vertus aristocratiques. Le texte ne s'attarde pas à l'examen des causes objectives de la décadence morale, uniquement soulignée pour goûter le plaisir doux amer de la nostalgie et pour tracer les caractéristiques d'un programme de renaissance morale où le présent se montrerait digne du passé. L'enseignement délivré au jongleur se désintéresse de tout ce qui affère à la profession (technique du chant ou de la composition, répertoire..) — il existe d'ailleurs pour cela un sous-genre de la tradition lyrique : le *sirventes joglaresc* — pour mieux se consacrer à une édification morale du jeune homme qui est en fait une tentative de définition d'une éthique courtoise suffisamment consciente d'elle-même pour ne pas mourir avec les sujets qui l'incarnent. Aussi, *Abril issia* se préoccupe-t-il des fondements de la morale courtoise et trouve là son importance dans l'histoire des idées. Il s'emploie à définir une noblesse qui ne doive rien à la naissance et tout à la qualité de ce que Raimon Vidal appelle le « cœur », à cette disposition naturelle du sujet courtois qu'actualise une conduite guidée par l'intelligence, le savoir et la sagesse. Ces vertus fondent le mérite, dont le rayonnement constitue un facteur de stabilité et de dynamique morales de la société idéale que l'auteur appelle de ses vœux parce que le passé pourra y revivre identique à ce qu'il fut. Le mérite est donc l'aune à laquelle se mesure le sujet moral, un capital que le jongleur fera fructifier en fréquentant les gens de qualité et évitera de dilapider en exerçant son métier devant les méchants, les importuns ou les hypocrites qui se parent d'un mérite qu'ils ne possèdent pas. L'acte de diffusion littéraire se voit ainsi conférer une dimension éthique, indépendante du contenu du texte, qui tient essentiellement à la qualité morale de l'auditoire dont l'insuffisance dégrade le capital moral du jongleur et l'idéal que son acte réalise. Bavard, souvent obscur, *Abril issia* importe ainsi par sa volonté de définir une morale courtoise, totalement profane, par sa volonté de plier le réel à l'ordre de la littérature.

Les auteurs des *novas* offertes à la lecture retiendront peu ; on ignore presque tout d'eux, en dehors de ce que nous en livrent les textes et les manuscrits, rien de plus qu'un nom corrélé à un toponyme : « Raimon Vidal de Bezaudun », aujourd'hui Besalú, dans la province de Girone, au sud de Figueras, en Catalogne ; « Arnaut de Carcasses », du pays de Carcassonne ou du hameau Carcassès de la commune de Roque-de-Fa, où, selon R. Nelli [1], existait au XIIIe siècle un château où une certaine Ferrande (dont Arnaut aurait pu être le parent) se serait enfermée. Rien d'autre sur cet Arnaut ne nous est connu, rien qui permette de situer précisément la date de composition de la nouvelle qu'on peut supposer avoir été rédigée dans la première moitié du XIIIe siècle. L'origine catalane de Raimon Vidal se trouve confirmée par les nombreuses références à des personnages catalans (*Abril issia*), et par l'imperfection de certaines de ses rimes, caractéristique des troubadours catalans. Outre les trois textes narratifs traduits ici, le corpus de textes attribués à Raimon Vidal comprend les *Razos de Trobar*, un traité de grammaire de la langue des troubadours, connu par cinq manuscrits complets et plusieurs copies, qui semble avoir été à l'origine d'une série de textes catalans et italiens du même genre. Il faut encore ajouter les *coblas* que lui attribue *En aquel temps*, sans qu'on puisse savoir si elles renvoient à des poèmes complets ou si elles ont été composées pour la

---

1. R. Nelli, Arnaut de Carcassés (XIIIe s.). La nouvelle du perroquet, *Cahiers de la pensée française*, n° 2, 1941, p. 159-177.

circonstance, pour se poser en autorité, sur un pied d'égalité avec les troubadours que le Catalan admirait. En revanche, les trois pièces lyriques que le manuscrit C attribue à « Raymon Vidal de Besaudu » reviennent respectivement à Arnaut de Tintignac, à Arnaut Daniel et à Raimon de Miraval.

On manque d'informations extra-textuelles pour dater avec précision la production de Raimon Vidal. Quelques indices glanés dans les textes esquissent leur chronologie relative. *Abril issia* mentionne au passé Henri II d'Angleterre et ses fils (Geoffroy mort en 1186 et Richard en 1199) et donne à penser que les trois Plantagenêt étaient décédés à la date de composition du texte, 1199 ou après. Le narrateur évoque aussi le temps passé « en la cort del rey n'Anfos/del paire nostre rey cortes » (v. 737-738), à la cour d'un roi d'Aragon, non nommé, qu'on peut supposer être Alphonse II d'Aragon, dont le fils Pierre II régna de 1196 à 1213, date à laquelle il trouva la mort à la bataille de Muret. Le jeune jongleur a aussi fréquenté la cour d'Hugues de Mataplana, lui aussi tué à la bataille de Muret. Le temps du récit se situe donc entre 1199 et 1213 et l'on peut penser — sans certitude absolue, faute de connaître la stratégie auctoriale de Raimon Vidal — que le temps de la production du texte est à situer dans la même fourchette. La dernière partie de *En aquel temps* donne la parole au présent à Hugues de Mataplana ; le temps du récit le considère encore vivant et vient buter sur la date de sa mort en 1213. *En aquel temps* a pu être aussi composé entre 1199 et 1213. Le narrateur du *Castia gilos* a entendu conter *las novas* qu'il rapporte « en la cort del pus savis rey/(...)/del rey de Castela, n'Amfos » (v. 3-5), à la cour du roi de Castille Alphonse VIII, mort en 1214 ; la référence au passé (« anc fos », v. 4) rend le temps du récit postérieur à 1214. Les citations de troubadours fournissent une seconde série d'indices textuels corroborant les informations de la première. Celles que contiennent les *Razos de Trobar* ne vont pas au-delà de Folquet de Marseille et de Peirol ; le premier composé vers 1190 et le second dans la dernière décennie du XIIe siècle. En revanche, Raimon de Miraval, mis deux fois à contribution dans *Abril issia* et neuf fois dans *En aquel temps*, n'est pas sollicité dans les *Razos de Trobar,* texte sans doute composé avant la découverte de ce troubadour auquel Raimon Vidal semble avoir voué un intérêt croissant. La voix poétique de Raimon de Miraval s'est éteinte après Muret et l'on s'accorde à situer sa mort vers 1216-1218. Le traité poético-linguistique du Catalan paraît donc antérieur à ses *novas* ; la chronologie relative de ses œuvres pourrait donc être la suivante : *Razos de Trobar* (avant 1199 ?), *Abril issia* (entre 1199 et 1213), *En aquel temps* (entre 1199 et 1213), *Castia Gilos* (après 1214). Production à situer dans le premier quart du XIIIe siècle, dans une période douloureuse de l'histoire d'une partie de l'Occitanie, soumise à partir de 1209 à la Croisade contre les Albigeois, qui sous prétexte de lutte contre l'hérésie cathare, va soumettre progressivement le Languedoc à l'influence française et modifier en profondeur la culture troubadouresque dont Raimon de Vidal se veut le gardien. Le sac de Béziers en juillet 1209, durant lequel femmes et enfants furent passés au fil de l'épée comme le rapporte *La Chanson de la Croisade Albigeoise*[1], et le désastre de Muret (1213), où la fine fleur de la chevalerie aragonaise, catalane et occitane fut décimée, préfigurent de manière lointaine cette mythique « agonie du Languedoc », cette extinction progressive de la voix des troubadours dont les *novas* voulurent renouveler les harmoniques.

La tradition manuscrite des textes de Raimon Vidal de Besalú est caractéristique des aléas de la transmission des *novas*. *Abril issia* et *Castia gilos* ont été conservés par un seul manuscrit (R) ; *En aquel temps*

---

[1]. *La Chanson de la Croisade Albigeoise,* éd. et traduction par E. Martin-Chabot, 3 vol., Paris, Belles Lettres, 3e édition 1989.

semble avoir bénéficié d'une faveur plus grande ; trois manuscrits donnent le texte entier ou de larges pans [1], auxquels il convient d'ajouter trois fragments dont deux d'origine catalane. Le texte de *Las novas del papagay* a été transmis par deux manuscrits (R et J) [2], qui présentent des versions sensiblement différentes de la fin, et par trois fragments.

Pour les quatre textes, nous avons choisi la version fournie par le manuscrit R (Paris, Bibliothèque nationale, fr. 22543) qui présente la particularité d'accorder une large place aux textes narratifs et didactiques [3]. Ce manuscrit de grande taille, appelé aussi chansonnier d'Urfé ou La Vallière (du nom de ses anciens propriétaires), contient presque la moitié de la production des troubadours connue. La langue de ce manuscrit élaboré dans le premier quart du XIVe siècle, dans le Toulousain, présente quelques traits dialectaux, notamment gascons donnant à penser qu'il a été composé dans la partie du comté bordant la rive droite de la Garonne [4]. Nous avons, autant que faire se pouvait, suivi le manuscrit de base, ne le corrigeant à partir des autres manuscrits que lorsque le texte nous paraissait incompréhensible. Pour *Abril issia*, dont le texte est souvent obscur, corrompu ou illisible, nous avons suivi, outre le manuscrit, les lectures de W. Bohs et de W. Field [5] et corrigé dans le même sens qu'eux. Notre traduction d'*Abril*

---

1. Chansonnier R (Paris, Bibliothèque nationale, fr. 22543, fol. 130 v° à 132 v°), Chansonnier N (New York, Pierpont Morgan Library 819, fol. 13 v° à 22 v°), chansonnier L (Rome, Bibliothèque vaticane, Lat. 3206, fol. 71 à 81).
2. Chansonnier R fol. 143 v° à 144 r°, Chansonnier J (Florence, Bibliothèque nat. Magliab. 776, F.4, fol. 70 r° à 71 v°).
3. Cf. F. Pirot, *Recherches sur les connaissances littéraires des troubadours occitans et catalans des XIIe et XIIIe siècles*, Barcelone, 1972, p. 201-219 et A. Tavera, Le chansonnier d'Urfé et les problèmes qu'il pose, *Cultura neolatina*, XXXVIII, 1983, p. 233-49.
4. Cf. F. Zufferey, *Recherches linguistiques sur les chansonniers provençaux*, Genève, Droz, 1987, p. 105-133.
5. Cf. la bibliographie.

issia et de *En aquel temps* [1] n'a pas d'autre ambition que de rendre lisible, pour la première fois en français dans une collection de poche, des textes difficiles et oubliés dans des éditions anciennes ou confidentielles mais essentiels à la compréhension de l'histoire de la littérature occitane du Moyen Age et des multiples facettes du genre romanesque.

Jean-Charles HUCHET.

---

1. Une partie de la fin du texte a été traduite, de manière discontinue, par R. Nelli, *Les Troubadours*, t. 2, *op. cit.*, p. 168-185.

NOUVELLES OCCITANES
DU
MOYEN AGE

AVRIL S'EN ALLAIT ET MAI ARRIVAIT

Abril issi' e mays intrava

de

RAIMON VIDAL DE BESALÚ

Abril issi' e mays intrava
e cascus dels auzels chantava
josta sa par, que autz que bas;
e car remanion atras,
5 vas totas partz, neus e freidors
venion frugz venion flors
e clar temps e dossa sazos,
e yeu m'estava cossiros
e per amor un pauc embroncx.
10 Sove.m que fo mati adoncx,
en la plassa de Bezaudun,
e anc ab me non ac negun
mas amor e mon pessamen
avion m'aisi solamen;
15 c'alhors no.m podia virar,
ni yeu que non o volgra far
s'autres no m'en fos ocaizos,
mas vers Dieu dos e poderos.
E sel que totz fizels adzora
20 volc e.m donet que.n eysa ora
qu'ieu m'estav' aissi pessatz
venc vas mi, vestitz e caussatz,
us joglaretz a fort del temps
on hom trobava totz essems
25 justa.ls baros valor e pretz.
E si eu deman co fuy letz
a son venir ni com joyos
no m'en crezessetz en perdos
ni a mi non tanh que.us jur.
30 Mas aitan vos puesc dir, segur
e ses tot cug, c'al saludar
venc josta me son cors pauzar.
E yeu rendey li sas salutz
e si be.m fuy aperceubutz
35 a son venir que fos joglars,

Avril s'en allait et mai arrivait, et chaque oiseau chantait à côté de sa compagne, qui à pleine gorge, qui à voix basse, et puisque la neige et le froid appartenaient partout au passé, apparaissaient fruits et fleurs, temps clair et douce saison ; moi je restais soucieux et quelque peu morose à cause de l'amour. C'était alors, je m'en souviens, un matin, sur la place de Besalú et il n'y avait personne en ma compagnie, sauf l'amour et mon souci qui seuls faisaient ma préoccupation car je ne pouvais me tourner ailleurs — sauf vers Dieu doux et puissant — et je n'aurais pas voulu le faire si quelqu'un d'autre ne m'en avait fourni le motif. Celui que tout fidèle adore voulut et m'alloua qu'au moment même où je me trouvais ainsi pensif vint vers moi un jeune jongleur, vêtu et chaussé à la mode du temps où l'on trouvait réunis valeur et mérite chez les chevaliers. Et si je demande combien je fus heureux et joyeux de sa venue, vous ne me croiriez pas complètement et il ne me convient pas de vous le jurer. Mais je puis [*seulement*] vous dire, assurément et en toute certitude, qu'au moment des salutations il vint s'asseoir à mes côtés. Je lui rendis son salut et, si je m'étais rendu compte à sa façon d'arriver qu'il était jongleur,

```
     si.m volgui saber sos afars
     per mi meteus. Et el me dis :
     « Senher, yeu soy us hom aclis
     a joglaria de contar,
40   e say romans dir e contar
     e novas motas e salutz
     e autres comtes espandutz
     vas totas partz azautz e bos ;
     e d'en Guiraut vers e chansos
45   e d'en Arnaut de Maruelh mays,
     e d'autres vers e d'autres lays
     que ben deuri' en cort caber.
     Mas er son vengut vil voler
     e fraitz a far homes malvatz
50   qu'en van per las cortz assermatz
     a tolre pretz entre las gens.
     Per qu'ieu ni nulhs hom avinens
     ni savis non es aculhitz ;
     ans on pus venc josta.ls chauzitz
55   on cujaria trobar loc,
     ades truep mays qui.m torn en joc ¹
     e en soan so que vuelh dir.
     E vey los jangladors venir
     e.ls homs hufaniers de sen
60   a penre solatz mantenen
     nessis e ses tot bos esgart.
     E yeu, c'om no.m vol escotar
     ni vol entendre mon saber,
     vau m'en ad una part sezer,
65   aichi co homs desesperatz.
     Aichi soy vengutz et anatz
     per vos vezer entro aisi. »
     E yeu, per so car ora.n vi
     e sazos me ofri coratje,
70   li dis : « Amicx, ses tot musatje ²
```

1. Ms. « loc ».
2. Ms. « messatje ». Correction Field.

je voulus connaître sa condition par moi-même. Il me dit :

« Seigneur, je suis un homme qui pratique le métier d'interprète ; je sais réciter et raconter des histoires en langue romane, de nombreuses « nouvelles » et des « saluts [1] » et d'autres contes connus de toutes parts, beaux et agréables, des « vers [2] » et des chansons [3] de sire Guiraut [4], plus encore du seigneur Arnaut de Mareuil [5], d'autres « vers » et d'autres lais [6] grâce auxquels je devrais bien trouver place en cour. Mais maintenant sont arrivés vils désirs et mépris pour rendre mauvais les hommes qui vont par les cours prêts à ôter le mérite d'entre les gens. Aussi, moi et tout homme convenable et sage, nous ne sommes pas bien accueillis ; au contraire, j'ai beau me rendre auprès de personnes distinguées, chez qui je penserais trouver une place, j'en rencontre toujours davantage qui se moquent de moi et méprisent ce que je veux dire. Et je vois les bavards, les fanfarons arriver et entamer une conversation stupide et dénuée de bon sens. Et moi, puisqu'on ne veut pas m'écouter, ni entendre ce que je sais, je vais m'asseoir à l'écart, comme un homme désespéré. C'est ainsi que j'ai marché et que je suis venu jusqu'ici pour vous voir. »

Moi, vu que j'en voyais l'occasion et que le moment me sembla opportun, je lui dis :

« Ami,

---

1. Épître en vers.
2. Pièce de vers.
3. Genre noble de la tradition lyrique occitane traitant exclusivement d'amour.
4. Guiraut de Bornelh, troubadour originaire de Dordogne qui composa, entre 1162-1199, près de quatre-vingts pièces qui lui valurent la réputation de « maître des troubadours ».
5. Troubadour originaire de Dordogne, dont l'activité poétique se situe entre 1171 et 1190 et qui a laissé vingt-cinq pièces d'attribution certaine, cinq épîtres amoureuses et un *ensenhamen* (un poème didactique).
6. Genre lyrico-narratif.

vuelh que.ns anem ades disnar ;
apres, si res voletz comtar,
e tot o poc o trop o mout,
ieu soi sel que sas cor estout
75 vos auzirai mot volontiers. »
Apres manjar, en un vergiers
sobr'un prat josta un rivet,
venguem abduy, e si no.y met
messonja, sotz un bruelh flurit,
80 aqui seguem e non petit
segon que comtar m'auziretz.
E.l temps fon clars e dos e quetz,
e suaus e francx e cortes,
e yeu a pauc en solatz mes
85 per seluy c'aisi.m vi denan,
adreg e franc ab un semblan,
aital com cove a saber.
E s'ie.us dizia c'al parer
fossan siey vestir maltalhat
90 no m'en crezessetz, car triat [1]
semblavan ad el a doblier [2].
Aiso m'aduys us cossirier
aital c'om sol aver hom fis,
e membret mi qu'en Guiraut dis
95 que tan se fes a totz prezar :
« *Yeu vi per cors anar* [3]
u[s] joglaretz petitz,
gen caussatz e vestitz,
sol per donas lauzar [4]. »
100 E si.m fos natural de far
aisi.m volgra estar tostemps,
may sel que fon ab mi essems,
aital aisi co yeu vos dic,
me dis : « Senher, a bon abric
105 vey que em [en]aisi [5] vengutz ;

1. Ms. « trait ».
2. Ms « ades del doblier ». Correction d'après Field.
3. Ms. « per corsa manjar ». Correction d'après Kolsen.
4. Guiraut de Bornelh, *Per solatz revelhar*, pièce LXV de l'éd.
A. Kolsen, *Sämtliche Lieder des Trobadors Giraut de Bornelh*, 2 vol.,
Halle, 1910, v. 31-34.
5. Ms. « aisi ». Vers trop court d'une syllabe.

je veux que nous allions déjeuner sur-le-champ ; ensuite, si vous voulez me conter quelque chose, tout ou partie, peu ou beaucoup, je suis homme à vous écouter très volontiers, le cœur sans orgueil. »

Après le repas, dans un verger, sur l'herbe à côté d'un ruisseau, nous allâmes ensemble et, si je ne me trompe pas, nous nous assîmes sous un bosquet en fleurs et non pour un court moment, comme vous allez m'entendre le raconter. Le temps était clair, doux, calme, suave, serein et agréable et, moi, presque joyeux grâce à celui que je voyais devant moi, droit et noble, avec l'expression convenant à qui veut apprendre. Et si je vous disais que ses vêtements semblaient mal taillés, il ne faudrait pas me croire car ils lui convenaient à merveille. Cela fit naître en moi une pensée, comme a l'habitude d'en avoir un homme accompli, et me rappeler ce que dit sire Guiraut qui se fit tant estimer de tous :

« *J'ai vu aller par les cours*
un petit jongleur,
élégamment chaussé et vêtu,
uniquement pour louer les dames. »

Et si cela avait été naturel pour moi de le faire, je serais resté tout le temps ainsi, mais celui qui était avec moi, ainsi que je vous le rapporte, me dit : « Sire, je vois que nous voici parvenus à un bon abri ;

per qu'ie.us prec, si Dieu vos ajut
a far tot so que vos volres,
c'aisi puramen m'escotes,
com s'era messatje d'amors.
110 Co.us sabetz ben que.l chauzidor,
cal que sian, o mal o bo,
an mes chauzir en tal tenso
c'a penas s'en sabon issir ;
li un an chauzit c'a mal dir
115 venson poestatz e baros ;
e.ls autres son si amoros
e ben dizens vas totas res ;
e n'i a que [1] car son cortes,
ses autrui saber son joglar.
120 Ieu non dic ges c'a ben estar
no.n torn un sol mestier per loc,
mas cascus pot saber que groc
ni vert non platz a totas jens,
per que.ls faitz e.ls captenemens
125 segon las jens deu hom camjar.
Aiso m'a fag man benestar
apenr'e man divers saber.
E cuydava.n secret aver
entre.ls baros mant gazardo
130 a far mon cors azaut e bo
e de melhor captenemen,
mas er conosc c'a perdemen
son tug vengut estiers petitz.
Per qu'ieu m'en fora tost partitz
135 per penr'un autre cossirier,
mas aventur' e siey mestier,
que mant homes fan benenans,
volgron qu'ieu fos a Monferrans
vengutz en Alverh' al Dalfi,

---

1. Ms. « e a ni que ».

aussi je vous prie, que Dieu vous aide à réaliser tout ce que vous souhaitez, de m'écouter comme si j'étais le messager d'amour. Comme vous le savez parfaitement, ceux qui possèdent du jugement, quels qu'ils soient, mauvais ou bons, ont mis le jugement en telle discussion, qu'ils parviennent à peine à s'en sortir. Les uns ont [*tant*] débattu qu'avec des calomnies ils vainquent les puissants et les barons ; les autres sont très amoureux et diserts en toute chose ; il y en a, car ils sont courtois, qui sont jongleurs sans aucune science.

Je ne nie pas qu'occasionnellement une seule qualité ne conduise à la perfection, mais chacun peut savoir que le jaune et le vert ne plaisent pas à tout le monde, c'est pourquoi il convient de changer les actes et les comportements selon les gens. Cela m'a fait découvrir maintes perfections et apprendre maintes connaissances variées. Je pensais en secret recevoir d'entre les barons de nombreuses récompenses en rendant ma personne agréable et bonne, en adoptant une meilleure attitude, mais je réalise maintenant qu'ils sont tous parvenus à leur perte, à l'exception d'un petit nombre. Aussi aurais-je rapidement abandonné cette idée pour une autre, mais la chance et ses manifestations, qui rendent maint homme heureux, voulurent que je me rendisse chez le Dauphin [1], à Montferrand [2], en Auvergne ;

---

1. « Dauphin » n'est pas un titre mais un nom, désignant le prince de la maison d'Albon né vers 1150, comte de Clermont et de Montferrand de 1168 à 1234. Protecteur des troubadours, il composa lui-même vers 1190 des pièces poétiques dont une dizaine a été conservée.
2. Clermont-Ferrand (Puy-de-Dôme).

140 e si fon us sapte mati
si co suy vengut de Riom.
Et si anc genta cort vi hom
ni de bon solatz si fo sela ;
non y ac dona ni donzela
145 ni cavayer ni donzelo
no fos pus francx d'un auzelo [1]
c'om agues noirit en sa man.
Aqui trobey senher sertan,
[e] companha ben entenduda [2]
150 per qu'ieu lais[e]i dans una muda
a gran joya, si Dieu mi sal.
E si s'avenc entorn nadal,
c'om apela kalendas lay,
venguem e fom ses tot esmay,
155 a Montferrat sus e.l palaitz.
E s'anc vis homes essenhatz
ni ab baudor, so fom aqui.
E la nueg si fo, co yeu vi,
mot tenebrosa apres manjar,
160 e.l solatz gran, josta.l foc clar,
de cavayers e de joglars
adreitz e fis e dos e cars
e suaus ad homes cortes ;
e no y ac cridat ni pus mes
165 per pegueza [3] sol de primier.
Aital solatz e pus entier
aguem aqui pus que no.us dic.
E.l cavayer, ses tot prezic,
a lur temps s'aneron jazer,
170 car mon senher volc remaner
ab un companho josta.l foc.
Per qu'ieu, can vi sazon ni loc
a demandar so que doptava,
vas luy mi trays sobr' una blava
175 tota cuberta de samit.

---

1. Le Ms. donne l'ordre des vers suivants « no fos pus francx d'un aizelo,/ ni cavayer ni donzelo/c'om agues noirit en sa man ».
2. Vers trop court sans l'ajout de « e » proposé par K. Bartsch.
3. Ms. « peguezeza », mais vers trop long d'une syllabe.

j'arrivai de Riom un samedi matin. Si on vit jamais cour agréable et de bonne compagnie, ce fut celle-là ; il n'y avait pas là dame ou damoiselle, chevalier et damoiseau qui ne fût plus pur qu'un oiseau qu'on aurait nourri dans sa main. J'ai trouvé là un seigneur parfait et une compagnie d'excellents connaisseurs, c'est pourquoi je laissai les épreuves pour quelque temps avec une grande joie, que Dieu me sauve. Il arriva ainsi qu'aux alentours de Noël, qu'on appelle « calendes » là-bas, nous résidâmes à Montferrand et fûmes installés, insouciants, en haut dans le palais. Et si jamais on vit des hommes cultivés et allègres, ce fut nous qui étions là. La nuit était, comme je le vis, très noire après le souper et, à côté du feu clair, grande la compagnie de chevaliers et de jongleurs habiles et accomplis, doux, valeureux et aimables envers les hommes courtois ; on n'y entendait pas de cris ni de sottises, sauf au début. Nous avons goûté là un grand plaisir, plus complet que je ne vous le dis. Les chevaliers, sans en être priés, allèrent se coucher le moment venu, car monseigneur voulait rester avec un compagnon auprès du feu. Aussi, quand je vis arriver l'occasion de demander ce que je craignais de demander, je m'approchai de lui sur un banc de marbre recouvert d'une étoffe de soie.

E s'anc trobey bon cor ardit
a ben parlar, si fis yeu lay ;
per que. 1 dis : « Senher, ab esmay
ai lonjamen estat ab vos ;
180 e dirai vos per cals razos,
si.eus play que.m escotetz ades.
Vos sabetz be que, luenh ni pres,
non es homs natz ni faitz ses paire ;
per qu'ieu n'aic un mot de bon aire
185 e tal que.s saup far entre.ls pros ;
cantaire fo meravilhos
e comtaires azautz e ricx.
Et yeu [lh' auzi][1] si com n'Enricx,
us reys d'Englaterra, donava
190 cavals e muls, e can sercava
vas Lombardia.l pros marquis
e de terras dos o tres,
on trobava baros assatz
adreiz e ben acostumatz,
195 e donadors vas totas mas.
E auzic nomnar Catalas
e Proensals mot e Gascos
vas donas francx et amoros,
et fazian guerras e plays.
200 Per c'a mi par' aital pertrays,
ab votres motz me fis joglars.
Et ai sercat terras et mars
e vilas e castels assatz
vas total partz, e poestatz
205 e baros que no.us dic dos tans.
Non truep d'aquels dos de semblans,
mas mot petit, so.us dic de ver,
li un donon ab bo saber
e li autre nessiamen ;
210 e li autre privadamen

---

1. Ms. « peytz ». Correction hypothétique d'après Bohs et Field.

Et si jamais j'ai trouvé en moi un cœur bon et hardi à bien parler, ce fut en cette occasion. Je lui dis :

« Sire, à vos côtés, j'ai longtemps été découragé ; je vais vous en expliquer les raisons, s'il vous plaît de m'écouter maintenant. Vous savez parfaitement que, où que ce soit, un homme n'est pas né ni fait sans un père ; j'en ai eu un, de très bonne naissance et tel qu'il sut se comporter devant les preux ; c'était un merveilleux chanteur et un conteur agréable et remarquable. Je lui ai entendu raconter comment le seigneur Henri, un roi d'Angleterre [1], donnait chevaux et mules, et évoquer l'époque où il rendait visite du côté de la Lombardie au preux marquis et parler de deux ou trois autres contrées où il rencontrait en grand nombre des barons justes et de bonnes manières, généreux envers tous. J'ai entendu nommer beaucoup de Catalans, de Provençaux et de Gascons, affables et aimables envers les dames et qui menaient guerres et disputes. Comme j'étais doté d'un tel matériau, je me fis jongleur [*pour interpréter*] vos vers. J'ai parcouru terres et mers, des villes et des châteaux en grand nombre, dans toutes les directions, j'ai visité deux fois plus de grandes seigneuries et de barons que je ne vous le dis. Je n'en ai pas trouvé parmi eux deux qui se ressemblent, sinon un tout petit nombre ; les uns, je vous l'assure, donnent avec une juste sagesse, les autres avec sottise et d'autres encore, en cachette,

---

1. Henri II Plantagenêt, roi d'Angleterre de 1154 à 1189, ou peut-être son fils Henri, dit « le Jeune Roi », couronné par son père en 1170 et décédé prématurément en 1183.

a sels que fon acostumatz.
Aisi ai trobat e pus fatz
que no.us auria dig d'un an.
E vos mezeus, si tot semblan
215 que es a tot bon fag cauzir,
non etz [1] aital, com auzi.m dir
adoncx a la gen ni comtar.
Per qu'ie.us vuelh, senher, demandar,
si.eus platz, co es endevengut
220 d'aital mescap, c'aisi perdut
an pretz e valor li baro. »
Et el estet, si Dieu be.m do,
el cor un pauc totz empessatz ;
e al respos far fon levatz
225 e sezens de jazens que era
e dis : « Amicx, non es enquera,
a mon semblan, tot ton saber,
car demandat m'as a lezer.
Es mot a mi e pauc als pros,
230 per qu'ieu non cug aital respos
a far co.s cove ni.s taisses.
Mas pero car vengutz say es
e per solatz de mi meteus,
vuelh que t'emportz, si tot s'es greus
235 a comtar, un pauc de mon sen.
Car saber deus c'ome valen
e savi, c'aisi com es caps
vas Dieus de tot cant es ni saps,
ni yeu meteys que m'i esper,
240 son cap de pretz a mantener
nobles cors e sens e sabers.
E non es hom lials ni vers
vas pretz si aquestz trei non a.
Noble cors fay home serta
245 e vassalh e larcx e cortes,

1. Ms. « e ».

à ceux qui sont leurs familiers. J'ai trouvé des fous tant et plus que je ne saurais vous le dire en un an. Et vous-même, bien que semblant disposé à choisir la bonne action, vous n'êtes pas tel que je l'ai alors entendu dire et rapporter aux gens. Aussi, je veux, seigneur, vous demander, s'il vous plaît, comment est arrivé ce malheur qui fait que les barons ont ainsi perdu mérite et valeur. »

Il resta un peu, que Dieu me favorise, le cœur tout pensif et, pour répondre, d'allongé qu'il était auparavant, il se redressa sur son séant puis déclara :

« Ami, ton savoir, à ce qu'il me semble, n'est pas encore tout à fait accompli car tu m'as interrogé à loisir. C'est beaucoup me demander et peu aux hommes de qualité, c'est pourquoi je ne pense pas fournir une réponse telle qu'elle convienne ni conviendrait. Mais, néanmoins, puisque tu es venu ici pour avoir une conversation avec moi, je veux que tu emportes, bien qu'il soit difficile à donner, un peu de mon avis. Tu dois savoir que les hommes valeureux et sages — de même que tu es responsable envers Dieu de tout ce que tu es et sais, de même que moi qui place en lui mon espoir — ont la responsabilité de soutenir la noblesse du cœur, de l'esprit et du savoir. Aucun homme n'est loyal ni véridique envers le mérite s'il ne possède pas ces trois qualités. Un noble cœur rend l'homme parfait, brave, généreux, courtois,

e drechuriers vas totas res,
e conqueredor de regnatjes,
e adutz abrivatz coratjes
e gentilez' a totas gens,
250 e fay far grans adzautimens
e desgrazir malvat cosselh.
Saber, per qu'ieu lo.us apparelh,
josta luy ven accidental,
e fay conoisser ben e mal
255 e los lurs bels captenemens.
E vieu n'om mielhs entre las gens
adreitz e francx e de solatz.
E ja non er hom acabatz
ses luy, per qu'ieu tostemps n'ay cura.
260 Sens aporta grans e mezura
vas totz aquestz mestiers qu'ie.us toc,
e fay cascu metr'en son loc,
segon que es ni tanh a far.
Aquestz feron pretz gazanhar
265 e paratges nostres premiers
e nom e faitz de cavayers,
e franqueza sobre las gens
a far en totz captenemens
e abrivatz en totz afars.
270 E ja non er hom de pretz clars
ni bos ses aquestz que yeu dic.
E aquestz tres feiron n'Enric,
un rey d'Englaterra, pujar,
c'auzist a ton paire nomnar,
275 segon que tu mezeis m'as dit,
e sos filhs tre que no.y oblit :
n'Enric ni.n Richart ni.n Jaufre,
car en lor ac dos tans de be
c'om non poiria d'un an dir ;
280 josta luy vic en cort venir

juste en toute chose, conquérant de royaumes, produit un cœur hardi et de nobles comportements envers tout le monde, fait accomplir des actions agréables et détester les mauvais conseils. Le savoir, c'est pourquoi je l'associe pour vous, s'ajoute à lui par accident [1] ; il permet de connaître le bien et le mal et les nobles comportements [*qu'ils inspirent*]. Et l'on vit mieux parmi les gens, juste, noble et de bonne compagnie. Un homme ne sera jamais accompli sans lui, aussi je m'en soucie constamment. L'intelligence apporte le sens des proportions et de la mesure dans toutes les affaires que j'aborde et permet de mettre chacun à sa place suivant ce qu'il est et ce qu'il convient de faire. Ces trois vertus firent gagner mérite et noblesse à nos ancêtres, renommée et actes chevaleresques, et franchise à l'égard de tous, franchise destinée à les aider dans tous leurs comportements et à les rendre empressés en toutes circonstances. Un homme ne sera jamais de qualité ni d'un mérite excellent sans ces trois vertus dont je vous parle. Ces trois vertus augmentèrent le mérite de sire Henri, un roi d'Angleterre, que tu as entendu nommer par ton père, selon ce que toi-même m'as affirmé, ainsi que ses trois fils — que je n'oublie pas : les seigneurs Henri [2], Richard [3] et Geoffroy [4] — ; il y avait en eux deux fois autant de qualités qu'on ne pourrait en énumérer en un an ; je les vis venir à ses côtés à la cour,

---

1. Le mot « accident » a peut-être un sens philosophique et désigne ce qui s'ajoute à l'essence et peut être modifié ou supprimé sans l'altérer.
2. Henri, appelé le « Jeune Roi », couronné en 1170 et décédé en 1183.
3. Richard Cœur de Lion, comte de Poitiers, duc d'Aquitaine, puis roi d'Angleterre de 1189 à 1199.
4. Geoffroy II de Bretagne, duc de Bretagne de 1171 à 1186.

e domneys e guerras menar.
Et ac sazon sel que saup far
noblezas ni valors ni sens,
aisi com ac us conoyssens
285 Sarrazi ric, una sazo.
E dirai te un comte bo,
ver, pus aisi m'as a ta man.
En Espanha ac un soudan
valen segon sos ancessors.
290 E levet s'en [1] us almassors
vas Marrocx, adretz e valens
e francx e larcx e conquerens,
e abrivatz a totz coratges ;
e.l reys, cuy plac sos vassalatges
295 e d'aital home sos mestiers,
volc lo retener voluntiers
a sa cort servir et onrar.
E sel penset, que o saup far,
de son senhor a retenir
300 et a onrar et a servir
adrechamen e de bon grat,
aichi en son melhor estat
e en son mager pretz que.l vic.
A son senhor un jorn s'ofric,
305 co hom valens et ensenhatz ;
dis li : « Senher, yeu no suy natz
ni faitz mas per vos a servir
e a donar e a blandir,
e ses tot genh a car tener,
310 e si no mi basta poder
no mi sofranh cor ni bos sens.
Per qu'entre.ls autres onramens
que m'avetz faitz, vos preguaria
per so que, si s'esdevenia
315 els mieus mescap [2] ni bayssamen,

---

1. Ms. « s'es ».
2. Ms. « el mieu mescap ».

courtiser et guerroyer. C'était le bon temps pour celui qui savait accomplir des actes nobles, valeureux et sensés, comme ce le fut pour un noble Sarrasin instruit. Je vais te raconter une histoire vraie et de bonne qualité puisque je suis à ta disposition.

En Espagne, il y avait un noble sultan digne de ses ancêtres. Au Maroc, un haut dignitaire, juste, brave, noble, généreux, vaillant et accompli en toutes vertus s'éleva en mérite. Le sultan, à qui plaisaient les qualités et les actes d'un tel homme, voulut le garder auprès de lui pour servir et honorer sa cour. Le dignitaire, qui savait parfaitement le faire, s'efforça de protéger, d'honorer et de servir habilement et de bon gré son seigneur et de le maintenir dans la meilleure fortune et dans le plus grand mérite qu'il lui avait vu. Un jour, en homme valeureux et de bonne éducation, il se présenta à son seigneur et lui dit :

« Sire, je ne suis né et n'ai été formé que pour vous servir, me vouer à vous, vous satisfaire et vous chérir sans la moindre tromperie ; et si pour y parvenir mes forces ne suffisent pas, la volonté et la bonne intention ne me font pas défaut. Aussi, parmi les autres honneurs que vous m'avez prodigués, je vous prierais, pour le cas où malheur et la déchéance arriveraient aux miens,

c'us jorns vos fos remembramens
so qu'ie.us ai de ben dig ni fag. »
E.l reys, cuy plagron tug befag
e totas vetz, li dis : « Amicx [1]
320 almassor, car e dos amicx,
si anc senher se dec [2] lauzar
de so vassalh, si dey ieu far,
e de vos o fas veraymen.
Per que.l befait e l'onramen
325 vuelh que vos meteys lo prengatz. »
E sel que fon apparelhatz
avia d'un temps un capel
vermelh, azaut e gent e bel ;
almussa l'apelan paysan
330 ... ey de vostra man [...] [3]
... que la pauzetz sus el cap, [...]
que l'ay gazanhat per proeza
e per senhal de gentileza
e d'onramen a mon linhatje.
335 E c'autr' om non l'aus, per paratje
ni per poder, portar un jorn ;
e si o fay, qu'el cap no.n [4] torn
ses dan de perdre totz sos pretz [5]. »
Aitals fo.l dos com vos auzetz,
340 com el anc sol volc demandar.
Adenan c'aiso fetz passar
hoblit de temps e de sazo,
venc en la terra us baro
aitals o mielhors d'autras jens ;
345 e.l rey fon autres eyssamens,
apres seluy que vos ai dit.
E s'anc senher trobet ardit
son vassalh ni cavalairos,
ni dos ni francx ni amoros
350 ni valen, si fes el seluy.

---

1. Ms. « totz vetz », mais vers trop court d'une syllabe.
2. Ms. « des ».
3. Field propose de rétablir les vers amputés de la façon suivante : « *Almussa* l'apelan paysan/*E dis al rey :* De vostre man/vuelh que la.m pauzetz sus el cap./ *Aissi sabra om ses mescap/ que l'ay* gazanhat per proeza » (*op. cit.*, p. 95).
4. Ms. « lo.n ».
5. Ms. « precx ».

de vous rappeler un jour ce que je vous ai dit et fait de bien. »

Le sultan, à qui plaisaient en toutes circonstances les belles actions, lui répondit :

« Ami dignitaire, cher et doux ami, si jamais un suzerain eut à se féliciter de son vassal, je dois le faire et je le fais vraiment à votre sujet. Aussi, je veux que vous preniez vous-même l'honneur et la récompense. »

Le dignitaire qui s'y était préparé avait à ce moment-là une coiffe vermeille, charmante, élégante et belle ; les païens l'appellent « aumusse ». [*Il s'adressa au roi*] :

« Je veux que de votre main vous me la posiez sur la tête ; [*ainsi on saura sans réserve que je l'ai*] [1] gagnée par ma prouesse, en signe de noblesse et de marque d'honneur pour mon lignage. Que personne d'autre, quelle qu'en soit la naissance ou la puissance, n'ose jamais la porter ; et si quelqu'un le fait qu'il ne s'en retourne pas sans risquer de perdre toutes ses distinctions. Le don fut celui dont je viens de vous parler, il n'eut qu'à le demander. Avant que le temps n'eût fait sortir cet événement de la mémoire, arriva dans la contrée un baron de même valeur ou meilleur que d'autres. Le sultan était également différent et avait succédé à celui dont je vous ai parlé. Si jamais suzerain trouva en son vassal bravoure, esprit de chevalerie, douceur, noblesse, affection et vaillance, ce fut bien celui-là.

---

1. Nous traduisons en italiques les vers reconstitués par Field.

E.l bars atrobet ses enuy
son senher, e franc e cortes,
e qu'el fe sobre totas res
de sa terra cap e senhor.
355 E so fon us jor en pascor,
e.l temps sere e ver e clar,
que sel baro volc cavalcar ;
e fes venir sos palafres
e sos cavals e sos arnes
360 e sos companhos totz jostatz.
E aportet, can fon pujatz,
un' almussa d'aquel semblan
c'om sela que.l rey ac denan
donad' al almassor premier [1],
365 e fetz la.s a son cavayer
per se mezeus el cap pauzar.
Aiso fes gens maravilhar
per la terra, et paucx e grans,
car hom auzet d'aquel semblans
370 portar capel mas del linhatje
cuy fon donatz per vassalatje.
E.l linhatje, que mant honor
e mant be e manta ricor
ac avuda per lo capel,
375 al [2] rey venc ab lo temps novel
un jorn josta en sa maizo ;
si com foro [3] mant aut baro
e mant onrat e mant valen
li disseron : « Senher, mot gen
380 e mot car nos avetz tengutz,
mas er nos es us mals cregutz,
si doncas vos no.l castiatz :
us vostre baros s'es levatz
ab almussa per si mezeys.
385 E non deu esser coms ni reys

---

1. Ms. « donad'almassor » mais vers trop court d'une syllabe. Correction d'après Field.
2. Ms. « el ».
3. Ms. « fero ».

Le baron trouva en lui un seigneur, qui, sans lui causer de souci, se montra noble et courtois et le rendit maître et seigneur de tout ce qui était en son pays. Un jour, vers Pâques, alors que le temps était serein, printanier et clair, le baron voulut aller à cheval ; il fit amener ses palefrois, ses destriers et ses équipements et réunir ses compagnons. Une fois en selle, il se mit une aumusse semblable à celle que le souverain d'avant avait donné à son dignitaire précédent et qu'il avait permis à son chevalier de se mettre sur la tête. Dans la contrée, les gens, petits et grands, furent tout étonnés qu'on osât porter une coiffe semblable sans appartenir au lignage auquel elle fut donnée pour sa conduite chevaleresque. Le lignage, qui grâce à la coiffe avait obtenu maint honneur, maint bien et une grande puissance, avec le printemps, alla un jour trouver le roi dans sa maison ; comme ils étaient des barons nombreux, de haute naissance, braves et honorés, ils lui dirent, « Sire, vous nous avez tenus en noble et haute estime, mais un mal nous est advenu si vous n'y mettez pas bon ordre : un de vos vassaux s'est distingué lui-même par une aumusse. Et il ne doit pas exister de comte ni de roi

ni lunhs autr'oms tans poderos
que port l'almussa, mas sol vos,
non deya.l cap perdre aqui.
Aissi s'es tengut et aissi
390 o gazanhet us almanssors
que crec ab vostres ancessors
e nos trastug, co hom valens. »
E.l rey, aisi com conoissens
senher deu far, lur dis : « Linhatjes
395 adreitz e cars, vostres uzatjes
non er us jorns baissatz per me,
ni ja no auretz tan de be
com yeu volria, so sapchatz.
Aquel baro, si a vos platz,
400 mandaray yeu e, si a fait
vas vos vilan tort ni mesfait
ni vas autruy, yeu ne faray
so que ma cort esgart. So say
c'aysi sera fayt lialmen. »
405 Mandatz fo.l baro veramen,
e la cort fon grans e pleneyra,
e.l rey, co hom d'aital maneyra
savis e ricx, dis als baros :
« Vos sabetz qu'ieu si poderos [1]
410 no soy mas de tener drechura :
e rey que de dreg non a cura
ses regne vieu motas sazos.
Vos avetz fag un ergulhos
e sobrier fag, segon que.m par,
415 car auzes l'almussa levar
contra.l mandamen que n'es faitz.
Per qu'ieu, si tot mi son atraitz
en vos onrar et obezir,
no vuelh mon poder tant aunir
420 que no.y fassa castic plenier. »

---

1. Ms. « vos sabetz qu'ieu poderos/no soy... » mais vers trop court d'une syllabe.

ni personne d'autre si puissant qu'il porte l'aumusse — vous excepté — sans y laisser la tête. Cette règle a été maintenue et cela a été gagné par un dignitaire qui s'éleva, et notre famille avec lui, sous vos ancêtres car c'était un homme de valeur. »

Le roi, comme un suzerain expérimenté, leur répondit :

« Lignage noble et cher, votre coutume ne sera jamais dévalorisée par moi et vous n'aurez jamais autant de bien que je le souhaiterais, sachez-le. Je vais convoquer ce baron, si cela vous agrée, et s'il a commis de manière vile à votre endroit, ou envers autrui, tort ou méfait, je ferai ce que ma cour décidera. Je sais qu'ainsi on aura agi loyalement. »

Le baron fut effectivement convoqué ; la cour était grande et plénière et le roi, à la manière d'un homme sage et puissant, déclara aux barons :

« Vous savez que je n'ai pas d'autre pouvoir que de respecter le droit. Un monarque qui ne se soucie pas de la justice s'interdit souvent de régner. Vous avez commis un acte plein d'orgueil et de présomption, à ce qui me semble, en prétendant porter l'aumusse en dépit de la loi établie. Aussi, même si j'ai entrepris de vous honorer et de vous obéir, je ne veux pas déshonorer mon autorité en n'exerçant pas un châtiment absolu. »

E.l baros, cui [1] tot cossirier
foron leugier a departir,
estet en pes ses tot cossir
don noble cors l'ac deslieurat,
425 e dis al rey : « Senher onrat
m'avetz mantas vetz e yeu vos
aisi com puesc mantas sazos,
e no y esgarday be ni mal.
Per qu'ieu vos dic, si Dieu mi sal
430 ni.m don a far totz faitz onratz,
qu'el mon non es homs vieu ni natz
tant vuelha votre pro co yeu.
Per c'a vos non deu esser grieu
s'ieu puesc l'almussa gazanhar
435 ses autruy tort, que nos vuelh far
al linhatge petit ni gran.
Vers es c'us almassor antan,
aisi son ben cent ans passatz,
per so car ac un cor auratz
440 e per servir vostr' ansessor,
per far a son linhatj' onor
volc gazanhar aquest senhal.
Per qu'ieu que m'ay fait atretal
e mielhs, lo vuelh tot atressi.
445 E s'ieu per nulh erguelh o fi,
no mi laisses cap remaner
e faitz n'a tot vostre plazer
ni.m fassatz be vas nulha part. »
Aisi et ab aital esgart
450 de valor gazanhet aquist
so que no fera si fos trist
ni flacx ni malvatz per aver,
per paratge ni per poder,
ni per autra cauza del mon.

---

1. Ms. « an ». Correction d'après Field.

Le baron, pour qui toute préoccupation était facile à dissiper, un noble cœur l'en ayant délivré, se tenait debout, sans la moindre inquiétude. Il répondit au roi :

« Sire, vous m'avez souvent fait honneur et j'ai agi de même à votre égard de nombreuses fois, autant que j'ai pu, sans considérer bien ni mal. Aussi je vous déclare, que Dieu me sauve et m'accorde d'accomplir tous les actes dignes d'honneur, qu'il n'existe pas dans le monde, homme vivant et né, qui veuille autant votre bien que moi. Aussi ne devez-vous pas être mécontent si je peux gagner l'aumusse sans causer de tort à autrui, car je ne veux pas en causer à un quelconque lignage, petit ou grand. Il est vrai qu'un dignitaire, autrefois — il y a bien cent ans —, parce qu'il possédait un cœur fier et pour avoir servi votre ancêtre, voulut gagner ce signe de distinction pour honorer son lignage. Aussi, moi qui en ai fait tout autant et davantage, je désire cette distinction de la même manière. Si je l'ai fait tant soit peu par orgueil, ne me laissez pas la tête en place, faites de moi ce qu'il vous plaira et ne m'accordez plus aucun bienfait. » En ayant ainsi égard à sa valeur, celui-ci gagna ce que ne lui aurait pas obtenu, s'il avait été méchant, faible et mauvais, ni l'argent, ni le rang, ni la force, ni rien d'autre au monde.

455 Adoncx eran en pretz preon
tug li baro, car poestatz
avian noble cors onratz
a gazardonar las valors,
e a far dos e bels secors
460 azautz e cars e ben estans,
be fazian so qu'en Bertrans
del Born dis en un sirventes
a far ricx homes pus cortes
e pus francx e pus donadors [...]
465 que sion ses torts faire elitz,
et adretz e francx e chauzitz :
« *Ad aiso fon pretz establitz
c'om guerreies e so fortmens
et a* [1] *caresma et avens*
470 *e fezes soudadiers manens* [2]. »
Aquist avian cors valens
a far guerras e messios
e a bastir cortz ab ricx dos
per esforsar joys e solatz.
475 E no.y era fols remembratz
ni malvatz homs ni recrezens,
mas emperaires valens [3]
e reys e coms et autz baros,
a metre cor per c'om fos pros
480 e de major auctoritat.
Mas eras son tug retornat
silh que solian premier far,
e car vas pretz non an cor clar
e maystrejon las proezas,
485 per que donas e gentilezas
van bas e ses cap entre lor.
E ven saber sols ses valors
e creys vil cor flac a cascu
a tolre el pretz a negu.
490 No vey far mas captenh vilan.

---

1. Ms. « e la ».
2. *S'abrils e folhas e flors*, pièce VIII de l'éd. G. Gouiran, *L'Amour et la guerre. L'œuvre de Bertran de Born*, 2 vol., Aix-en-Provence, 1985, v. 85-88.
3. Vers trop court d'une syllabe.

Tous les barons étaient alors tenus en un profond respect, car les puissants seigneurs avaient de nobles cœurs pleins d'honneur, portés à récompenser les actions de valeur, à faire des dons, à apporter des aides satisfaisantes, charmantes, précieuses et appropriées ; ils accomplissaient ce que Bertran de Born [1] dit dans un *sirventés* [2] pour rendre les puissants plus courtois, plus nobles et plus généreux [...] afin qu'ils ne distinguent pas leur respect du droit, leur droiture, leur noblesse et leur discernement :

« *Ainsi a été établi le mérite :*
on doit faire la guerre et fortement
au Carême et à l'Avent
et enrichir les soudoyers. »

Ces hommes avaient le cœur vaillant à la guerre et à la dépense, à organiser des cours où l'on faisait de somptueux présents pour augmenter la joie et le plaisir. On n'y parlait pas de fou, ni de méchant ni de lâche, seulement du valeureux empereur, des rois, des comtes et des barons de haut lignage afin de donner envie de montrer du mérite et une plus grande vertu. Mais, de nos jours, ceux qui avaient l'habitude d'agir comme je viens de le dire ont complètement changé ; leur cœur n'est plus animé du pur désir du mérite et ils ne se laissent plus aller aux prouesses, aussi générosité et noblesse sont au plus bas et vont anéanties parmi eux. La sagesse est délaissée, sans valeur ; pousse en chacun un cœur vil et faible, capable d'enlever le mérite de n'importe qui. Je ne vois rien accomplir d'autres que des actes vils.

---

1. Troubadour originaire de Hautefort (Dordogne) qui composa, entre 1185 et 1206, une cinquantaine de pièces dont la plupart est inspirée par la vie politique et militaire de ce hobereau engagé dans les conflits familiaux des Plantagenêt.
2. Poème moral, satirique ou engagé.

Per que.ls barons fan tornar van
e desesperat de senhor,
car aissi.l falh bes del major.
Car noble cors aver solian
495 a far proezas don venian
adzautimens e joy e pretz.
A Dieus, cuy anc non plac engres
ni malvatz homs ni recrezens,
per so car ilh son de valens [1]
500 aisi tornat trist e ses sen,
volra s'en far aital prezen
com als Marabetis d'Espanha
cuy, car foron bona companha
e noblas gens, lur fon donatz
505 paratjes e locx e regnatz
de Marroc en totz los pays.
Aquestz foron [2] Marabetis
e d'aquestz fetz hom caps e reys
per menar guerras e plaideys [...] [3]
510 adenan ses autruy forfaytz
c'om non lur fes mas lur paren,
torneron flac e recrezen
e fals, e mantengro gran tort.
Per c'un linhatge ric e fort,
515 so fon Mal Mut, s'emparatic
sobr' aquels per so car castic
e noble cors volgron aver.
E las gens, cuy venc a plazer
so qu'ilh foron [4], donero lor
520 per las terras loc de senhor
e abatero totz aquels.
Aisi.s perdet linhatje d'els
e decazet adoncx paratjes,
car aisi cay tost fals linhatjes
525 e malvat cor ses retener,

---

1. Ms. « desvalens ».
2. Ms. « feron ».
3. Field suppose que le vers manquant est « e far proezas e bos faitz ».
4. Ms. « feron ».

Aussi, ils rendent les barons faibles et désespérés de leur suzerain, car le bien manque ainsi à partir du plus grand. Autrefois, ils avaient un cœur noble, disposé à accomplir des prouesses d'où naissaient agrément, « joie [1] » et mérite. Dieu, qui n'a jamais aimé les hommes violents, mauvais et lâches, puisque de valeureux ils sont devenus méchants et dépourvus de bon sens, voudra leur faire le même présent qu'aux Almoravides d'Espagne [2], à qui, parce qu'ils étaient gens de bonne compagnie et de qualité, furent donnés noblesse, pays, et le royaume du Maroc et toutes ses contrées. De ces Almoravides on fit des capitaines et des rois pour conduire la guerre et signer des traités [...]. Plus tard, sans que quiconque leur ait fait tort, sauf leurs parents, ils devinrent faibles, lâches et déloyaux et firent régner l'injustice. Aussi, un lignage riche et puissant — celui des Almohades [3] — s'éleva au-dessus d'eux, car il voulait avoir un beau comportement et un noble cœur. Les gens, à qui leurs actions plurent, leur donnèrent le rang de seigneurs de leurs terres et renversèrent tous les Almoravides. Ainsi, leur lignage fut perdu et leur noblesse déchue, car un mauvais lignage et un méchant cœur déchoient vite et sans réserve,

---

1. Sans équivalent sémantique en français, le *joy* des troubadours ne se réduit pas à la joie qu'il englobe néanmoins. Il désigne l'effervescence spirituelle et morale de l'homme courtois qui vit jusqu'à son terme l'expérience de la *fin'amor*.
2. Dynastie de moines guerriers, de Berbères sahariens, qui régna sur le Maroc et l'Andalousie du XIe siècle à 1147, avant d'être remplacée par la dynastie des Almohades.
3. Dynastie berbère qui régna sur l'Afrique du Nord et la moitié de l'Espagne de 1147 à 1269.

         e aisi perdet son poder.
         E car aital em devengut
         ses noble cors e recrezut,
         per que donars es pauc grazitz
530   e apres pretz, qu'er'aculhitz,
         non es hom em pres ses donar [...] [1]
         ni ven bos noms a nulha gens.
         Donars adutz pretz veramens
         vas totas partz, e lutz e lums,
535   c'adutz als sieus terras e flums
         e senhoria, ses desman [2].
         E noble cors fay, ses enjan,
         per conquerre, lo sobrepus,
         adutz donar e ten tot sus,
540   val [3] e fay valen son senhor.
         E sol esser que.l donador,
         adreit e de faitz avinens,
         avian pretz contra las jens
         e sobre totz autres baros ;
545   s'esforsavon ad esser pros
         silh per cuy crec aisi valors.
         Mas er, per so car als majors,
         si com yeu t'ay d'amor contat,
         son falhit noble cor onrat [4],
550   e al mays d'autres atressi,
         ven us mendicx sabers aqui,
         sestz senhors tug en son tornat
         avaros e flac e malvat,
         per que no.y es le pretz que sol ;
555   enans son tug cazug e.l sol,
         per que paratjes fon bastitz.
         E si trop pueys emparatgitz
         veyras per nobles cors autrus,
         car non es dreit mas grans enutz,
560   e' nversat ses tota bontat,

---

1. Lacune.
2. Ms. « deman ». Correction d'après Field.
3. Ms. « vay ».
4. Ms. « son fait mot noble cor onrat, ».

et il perdit ainsi sa puissance. Et comme nous sommes devenus de la même manière lâches et le cœur dépourvu de noblesse, la générosité est peu prisée, ainsi que le mérite, à qui l'on faisait bon accueil ; et on n'obtient pas de mérite sans exercer la générosité [...] et bon renom n'arrive à personne sans elle. En vérité, la générosité apporte de toutes parts le mérite, la lumière et l'éclat, car elle amène infailliblement aux siens terres, rivières et pouvoir. Noble cœur, sans tromperie, pour la conquête, accomplit le surplus ; il apporte la générosité et soutient toutes choses ; la générosité possède de la valeur et en donne à son possesseur. D'accoutumée, les hommes généreux, justes, dont les actions étaient belles, l'emportaient en mérite sur les autres personnes et surpassaient tous les autres barons ; ceux grâce à qui la valeur s'éleva à ce point s'employaient à se montrer preux. Mais maintenant, comme les meilleurs, ainsi que je te l'ai raconté par amitié, sont dépourvus de cœur noble et d'honneur, à l'instar de la majorité des autres, on a ici un savoir qui demande l'aumône. Ces seigneurs en sont tous devenus avares, faibles et mauvais ; si bien que loin de trouver le mérite qu'on y trouvait [*on voit que'*] sont tous tombés ceux qui édifièrent la noblesse. Si ensuite vous le voyez trop élevé par d'autres nobles cœurs — ce n'est pas justice mais grand trouble —, vous le verrez renversé sans le moindre profit pour quiconque,

com se servir tenh'al sendat
a far proezas e bos faitz.
Paratges fon donatz als faitz
e als nobles cors barnatjos,
565 per que los mendicx nualhos
ses noble cor no.n an razo.
Sobr'aiso fon fag man sermo
per lo mon e man proamen
cossi dechay vils faitz fazen.
570 E si tot son amantz viltat
nessiamen, yeu vi.n Lobat
per noble cor aitan prezat
com baron que.n la terra fos ;
e vi estar mantz paratjos
575 vencutz e las vas una part.
E sel que vol aver esgart
en Mercadier o pot comtar,
e Margarit, que fes per mar
ses paratje manta nobleza
580 e mant fait e manta proeza
per que hom quer [1] pretz natural.
Paratjes, so per que tan val,
es car adutz als sieus honor
e de pretz enans e temor
585 per qu'entre las gens fon onratz,
mas ses valor no son prezatz
ni ses saber grazitz fort be,
ni valor ses ric cor no ve,
ni sabers, si hom non l'apren.
590 A far faitz onrat, pretz valen,
venon per cor e per saber,
non per parens ni per poder ;
e per bon cor venon li loc,
non per paratje ni per joc,
595 e.l ris e.l jocx e li plazers [2].

---

1. Ms. « quel ».
2. Ms. « e.l ris e.l jocx e.l plazers », mais vers trop court. Bohs suggère « e li plazers ».

comme si accomplir des prouesses et des actes méritoires dépendait du port d'un vêtement de soie. Le mérite était l'apanage des belles actions et des nobles cœurs valeureux, de sorte que les misérables indolents dépourvus de noble cœur n'y ont pas droit. On a fait de par le monde maint discours et on a souvent démontré comment l'on déchoit quand on accomplit des actions viles. Bien que tous les ignorants prisent la vilenie, j'ai vu le seigneur Lobat [1] être autant estimé pour son cœur noble que n'importe quel baron du monde et j'ai vu beaucoup d'hommes de haute naissance rester vaincus et épuisés à l'écart. Et si l'on veut prendre en compte le seigneur Mercadier [2], on peut le dire, ainsi que Margarit [3] qui, sans naissance, a accompli sur mer maintes nobles actions, maints hauts faits et maintes prouesses par lesquels on obtient un mérite naturel. Ce qui fait que la naissance a tant de valeur, c'est qu'elle apporte, à ceux qui en retirent de l'honneur, l'avantage du mérite et qu'elle suscite de la crainte, mais sans valeur ceux-ci ne sont pas prisés, ni bien accueillis sans savoir, et la valeur ne vient pas sans un cœur noble, ni le savoir sans apprentissage. Les actions méritoires et noble mérite naissent du cœur et du savoir, non des parents et de la puissance ; les occasions de ces actions, les rires, la gaieté et les plaisirs proviennent d'un noble cœur, non de la naissance et de la frivolité.

---

1. Probablement le fils illégitime de Raimon Roger et de la Loba de Pennautier décédé vers le milieu du XIIIe siècle.
2. Mercenaire, chef de « routiers » au service de Richard Cœur de Lion dont il devint le compagnon.
3. Célèbre amiral sicilien au service de Guillaume II de Sicile et de Tancrède. Il n'est plus fait mention de lui après 1200.

Per que.ls pros conqueron poders
a far proezas e faitz fis,
si com n'Arnaut de Maruelh dis
ad enans de totz mestiers :
600 « *Que vers es que hueys e ier*
que totz prozoms conquier
ab sen et ab saber
et ab bon pretz poder [1]. »
Malvatz remans ab son dever
605 e.ls pros son ric e conoissen.
Huey may si.n vols aver sen
ni bon coratje retengut,
per que.ls baro son recrezut
a far proezas per totz locx,
610 aisi.ns partam, e si.n vols flocx
enqueras [es] per remaner [2]. »
E anem nos tantost jazer
cossiran so qu'ieu aic auzit.
E conuc que.l Dalfi m'ac dit
615 ver secret al foc canutz.
E lo mati, vezen de tutz,
un dijous, qu'ieu prezi conjat.
E s'anc vis hom be pessat
e de senhor, ieu ben o fuey.
620 Per Alvernhe e per lo Puey
m'en vinc en Proensa de sai
on atrobey mant baron gai
e.l bon comte e la comtessa ;
e si be fon grans l'esdemessa,
625 d'aqui m'en aney en Tolzan
on atrobey ab cor certan
mo senher lo comte premier,
e mant avinen cavayer
que son ab luy, e n'ayc arnes
630 per qu'ieu m'en vinc en Savartes.

---

1. *Rasons es e mesura*, éd. Eusebi, L'ensenhamen di Arnaut de Mareuil, *Romania*, XC, 1969, p. 14-30, v. 209-212.
2. Vers trop court d'une syllabe. Correction d'après Bohs.

Aussi, les preux acquièrent de la puissance en accomplissant des prouesses et des exploits, comme le déclare Arnaut de Mareuil pour l'avancement de tous les métiers :

> « *il est vrai, aujourd'hui comme hier,*
> *que tout homme de mérite acquiert*
> *du pouvoir avec son intelligence,*
> *son savoir et ses qualités.* »

Le méchant reste avec son devoir ; les preux sont puissants et sages. Aujourd'hui, si tu veux comprendre et conserver une juste impression de la raison pour laquelle les barons ont partout renoncé à accomplir des prouesses, séparons-nous, et si tu veux d'autres informations prolongeons l'entretien. »

Nous allâmes aussitôt nous coucher, et je réfléchissais à ce que j'avais entendu. Je réalisai alors que le Dauphin chenu m'avait dit la vérité, en privé, au coin du feu.

Au matin, c'était un jeudi, en présence de tous, je pris congé. Et si jamais vous avez vu un homme dont on avait bien pris soin grâce à son seigneur, c'était bien moi. De là, à travers l'Auvergne en passant par Le Puy, je gagnai la Provence ; j'y rencontrais maints barons joyeux, le noble comte et la comtesse. Bien que la distance fût grande, de là je gagnai le Toulousain où j'ai d'abord rencontré monseigneur le comte [1] au cœur loyal, ainsi que de nombreux chevaliers courtois qui étaient avec lui ; je reçus de lui un équipement et me rendis en Saverdun [2].

---

1. Raymond VI (1194-1222).
2. Pays de Saverdun, arrondissement de Pamiers (Ariège).

E a Foys non trobey negu,
que.l coms era ad Alberu
on nos anem¹ vas Castillo.
   E Dieus, car yeu aic cor tan bo
635 c'aisi tengues ma via plana,
fes me venir a Mataplana,
aquel dilus que es passatz.
   Aqui trobey, si a vos platz,
mo senher n'Ugo, avinen
640 e franc e dos e conoissen
ad escotar tot bo saber;
e trobey lay donas per ver
que fero remembrar mon paire
e.l segle bo que a fag traire
645 mal, qu'er es vilan, pauc cortes.
Auzit avet cossi m'es pres,
ni com son anatz ni vengutz
ni com ai estat esperdutz,
ni per que ni per cal razo.
650 E si non fos car en sazo
m'a tornat mon senher.l Dalfi,
jamay no fora jays vas si
ni al segle nulh be volens.
   Aisi son vengut en forsens²
655 que.l segle volgr' amendar³
e no say com, car no say far
so que s'atanh a la manieira. »
   E yeu, cuy voluntat leugeira
no m'aduys anc nulh pessamen,
660 estiey un petit en mon sen,
aisi co hom savi deu far;
e car sabers m'ac fag pensar,
e sens e cor, de mon cosselh,
ieu li dis, ses tot apparelh :
665 « Amicx, vos es vas mi vengutz,

---

1. Ms. « anbe ».
2. Ms. « dos sens ».
3. Ms. « volgra menar ».

A Foix, je n'ai rencontré personne, car le comte [1] était à Aubières [2] ; je me dirigeai vers Castillon [3]. Dieu, car j'avais le vif désir de suivre le chemin direct, me fit arriver à Mataplana [4], lundi dernier. J'ai rencontré là, si cela vous agrée, monseigneur Hugues [5], agréable, noble, doux, cultivé et disposé à entendre toutes connaissances utiles ; j'ai trouvé là en vérité des dames qui me remémorèrent mon père et la belle époque devenue mauvaise, car elle est maintenant vile et peu courtoise.

Vous avez entendu ce qui m'est arrivé, comment je suis allé et venu, le trouble que j'ai éprouvé et ses raisons. Et si ce n'était monseigneur le Dauphin, qui au bon moment m'a remis dans le droit chemin, jamais je ne me serais montré ni gai à son égard ni bienveillant à l'égard de ce monde. Je suis venu ici désemparé car je voudrais amender le monde et je ne sais pas comment, car je ne sais pas agir suivant la bonne méthode. »

Et moi, dont l'esprit dispos ne conçoit jamais de préoccupation, je restais un instant pensif, comme un homme sage doit le faire, et comme savoir, bon sens et noblesse de cœur m'avaient fait réfléchir à mon conseil, je lui dis sans préalable :

« Ami, vous êtes venu vers moi,

---

1. Raimon-Roger (1188-1223).
2. Arrondissement de Clermont-Ferrand (Puy-de-Dôme).
3. Probablement Castillon-en-Couserans (Ariège).
4. Près de Nuestra Senora de Mongrony dans la région de Ripoll en Catalogne.
5. Seigneur catalan, mort des suites des blessures reçues à la bataille de Muret. Il accueillit à sa cour Raimon Vidal et le protégea. Il reste de lui deux pièces poétiques.

segon que dizetz, esperdutz
e fors issitz de vostre sen,
per so car no sabetz comen
ni per que es aisi camjatz
670 le segles e fina bontatz
e de pretz c'avia poder.
E per c'amors voles saber
s'es aisi perdud'e baissada,
que sol esser riqu'e prezada
675 a far mant hom pros e bos,
vos non o vis, mas la sazos
auzis ja dir a vostre paire,
e qu'enqueras neys non a gaire,
c'aissi.s tenian trei baros.
680 E faitz vos en meravilhos
per so car avetz mout sercat
e non trobatz, mas per dintat,
a far vostre cor jauzion
si no.n sabetz com ni per on
685 s'es tot anat aisi ensems.
Pareys que fos mostrat a temps
e que sia rendut huey mays.
E si.l Dalfi fis e verays
no vos agues aital sen mes,
690 vos foratz tornatz descortes
e fis vilas, lunhatz dels pros.
Assatz semblera mi razos,
a vertat fina, ses tenso,
c'om non degues al sieu sermo
695 ni als sieus ditz metre mai re ;
ni ieu no fera, per ma fe,
si als no.y aguessetz mesclat.
Mas, per so que disses qu'en fat
vos es tals segles a menar,
700 e car no.y podetz atrobar

dites-vous, désemparé et affolé, parce que vous ignorez comment et pourquoi le monde, la bonté et le mérite, qui dirigeait tout, ont ainsi changé. Vous voulez savoir pour quelle raison amour, qui jadis était puissant et prisé et rendait maints hommes braves et bons, est ainsi perdu et déchu. Vous n'avez pas connu ce temps, mais vous en avez entendu parler par votre père qui disait qu'il y a encore peu de temps se comportaient ainsi trois barons. Et vous êtes tout étonné parce que vous avez beaucoup cherché sans rien trouver, sinon des mets délicats qui vous réjouissent le cœur, et vous ignorez comment et par où tout a disparu à la fois. Il semble que cela soit apparu à un moment et que cela soit désormais disparu. Si le Dauphin accompli et sincère ne vous avait pas mis dans cette disposition d'esprit, vous seriez devenu discourtois, rustre accompli et vous vous seriez écarté des gens de mérite. Il me semblerait très raisonnable, en toute vérité et sans discussion, de ne rien ajouter à son discours et à ses paroles et, sur ma foi, je ne le ferais pas si vous n'y aviez ajouté une autre question. Mais, puisque vous m'avez dit que vous avez pour destinée de vivre dans ce monde et puisque vous ne pouvez en trouver

art ni manieira ni semblan,
   avetz mon cor mes en afan,
   e mays, car me queretz cosselh.
   Ieu non dic ges, si tot no velh
705 mantas sazos en esgardar,
   qu'entre totz homes, ses doptar,
   no.n venhan de sen natural,
   e que no.y puesc' om ben o mal
   aver tot jorn en son coman,
710 cascus ja no venha ni an
   ni.n fassa lonc ni breu estatje,
   car sen ven e nais en coratje
   tantost com es natz e noiritz.
   Mais sabers, per c'om es grazitz
715 e pus onratz e pus temsutz
   e may amatz e may volgutz,
   e que fay homes captener,
   non pot venir ses mout vezer
   e ses mot auzir e proar.
720 Per qu'ieu no.us aus poder donar,
   car res non ai vist ni auzit
   a jutjar so que.m avetz dit
   ni a departir tan gran fait
   aisi del tot, mas, car retrait
725 cug que.n fos per sol jutjador
   a mermatz de sen, m'er onor
   qu'ie.us en dia so qu'en enten,
   ni qu'en conosc segon mon sen,
   ni que m'en sembla ni m'en par.
730 Vers es qu'ieu, per mon cor pagar
   e car soven m'en mes en sen
   mais que per autr'issernimen
   ni per autre mon pro qu'y fos,
   vinc en la cort del rey n'Anfos,
735 del paire nostre rey cortes,

l'art et la manière, ni l'apparence, vous avez mis mon cœur en peine et même davantage en me demandant un conseil. Je ne dis pas, même si je ne veille pas de nombreuses nuits pour y réfléchir, que parmi tous les hommes, sans doute, il n'en existe pas doués de bon sens naturel, que l'homme ne puisse choisir entre le bien et le mal et que chacun vienne ou quitte le bien et le mal ou y demeure plus ou moins longtemps, car le bon sens apparaît et naît dans le cœur aussitôt que l'homme vient au monde et est éduqué. Mais le savoir, grâce auquel on est accueilli, mieux honoré et vénéré, davantage aimé et recherché, qui détermine le comportement humain, ne peut venir sans qu'on ait vu, entendu et expérimenté beaucoup de choses. Aussi, je n'ose pas vous donner de conseil, car je n'ai rien vu ni entendu qui me permette de porter un jugement sur ce que vous m'avez rapporté ni de trancher si définitivement sur un point aussi important, car je crois que, rien que pour en avoir jugé, on me reprocherait d'avoir manqué d'intelligence ; je serai [*néanmoins*] très honoré de vous dire là-dessus ce que je comprends, ce que je sais selon mon intelligence, ce qui me semble et me paraît.

Il est vrai que pour satisfaire mon cœur et parce que je me l'étais souvent proposé, plutôt que par sagesse ou pour profit que je pusse en tirer, je me rendis à la cour du roi Alphonse [1], le père de notre courtois roi [2],

---

1. Alphonse II d'Aragon (1162-1196).
2. Pierre II d'Aragon, comte de Barcelone (1196-1213).

que tan valc e servic e mes
aitan [1] d'onor a totas gens.
Lay vi faitz e captenemens
adretz e bos, azautz e cars,
740 per qu'er val mays en totz afars,
e.n suy pus sertz en totas res.
E s'ieu fos tant com er' apres,
si tot non suy mot entendutz,
aqui era mos sens saubutz
745 e pus qu'er non es escampatz.
E vos, si.eus y fossetz, assatz
viratz un pauc de segle bo
e del temps e de la sazo
que votre paire dis l'autr'an,
750 hon foron tug li fin aman
e.l donador valen e fi;
e auziratz, si com yeu fi,
als trobadors dir e comtar
si com vivion per anar
755 e per sercar terras e locx;
e viras lay selas ab flocx
e tans autres valens arnes,
e fres dauratz e palafres;
meravilheras vos en fort.
760 Li un venian d'otra.l port
e li autre d'Espanha say.
Aqui trobavon cuend' e gay
e donador lo rey n'Anfos,
e.n Diego, que tan fo pros,
765 e Guidrefe de Gamberes
e.l comte Ferran lo cortes
e sos fraires tan be apres,
qu'ieu no.n poiria dir lo cart.
E puis [2] trobavon d'autra part,
770 vas Lombardia, .l pros marques
e d'autres baros, dos o tres,
e quatre e cinc e mays de cen,
que en la terra veramen
s'es mantengutz tostemps donars.
775 E en Proensa homs avars

---

1. Ms. « e tan ». Correction de Bohs.
2. Ms. « apilhs ». Correction de Field.

qui possédant tant de valeur, servit et fit tant d'honneur à tout le monde. Je vis là des actions et des comportements justes et beaux, charmants et aimables, grâce à quoi mon mérite a augmenté dans tous les domaines ainsi que mon assurance en toutes choses. Si j'avais été alors aussi instruit que je le suis maintenant, même si je ne suis pas très expérimenté, mon intelligence y aurait été davantage reconnue et aurait pris plus d'ampleur qu'elle n'en a maintenant. Et vous, si vous y aviez été, vous auriez certainement reconnu un échantillon de la belle époque, de ce temps et de ce monde dont votre père parla jadis, époque où étaient réunis tous les amants parfaits et les hommes généreux, nobles et accomplis ; vous auriez entendu, comme je le fis, les troubadours dire et raconter comment ils vivaient en voyageant et parcourant terres et pays ; vous auriez vu là selles à pompons et tant d'autres équipements de valeur, freins dorés et palefrois ; vous en auriez été stupéfait. Certains venaient d'au-delà du col, d'autres de l'Espagne de ce côté-ci. Ils rencontraient ici le roi Alphonse [1], charmant, gai et généreux, le seigneur Diego [2], qui fut si brave, Guidefre de Gamberes [3], ainsi que le courtois comte Ferran et ses frères [4] dont l'éducation était si parfaite que je ne pourrais pas vous en dire le quart. Puis, de l'autre côté, vers la Lombardie, ils rencontraient le preux marquis et d'autres barons, deux, trois, quatre, cinq, plus de cent, dans les domaines desquels la générosité s'est sans cesse maintenue. En Provence, ils ne rencontraient pas d'avares

---

1. Alphonse VIII de Castille (règne de 1158 à 1214).
2. Peut-être Diego Lopez de Haro, seigneur de Vizcaya, chef de guerre du roi Alphonse VIII de Castille, mort en 1238.
3. Personnage inconnu. Milá y Fontanals a suggéré qu'il pourrait s'agir de Pedro Ruiz de los Cameros, fils de Ruy Diaz de los Cameros, commandant d'un corps d'armée à la bataille de Las Navas de Tolosa (cf. *De los trovadores*, p. 339, note 6 et p. 126, note 3).
4. Peut-être deux des trois infants de Lara, Don Fernando, Don Gonzalo et Don Alvaro.

non trobavon ni eran lot [1]
als contes que tostemps an dot
de pretz mantengut ab donar.
En Blacas no.y fai a laissar
780 ni del Baus en Guillem lo blon
ni d'Alverne.l senher Guion
ni.l comte Dalfi que tan valc,
ni sai en Gasto a cuy calc
may de pretz c'om non li conoys.
785 E silh que venion per Foys
aqui trobavon un senhor
adreg e plazen donador,
si co dizian totz le mons [...] [2]
e al Vernet un Ponson gay.
790 I trobaretz pros e veray
n'Arnaut de Castelnou tostemps.
Aqui trobaretz totz essemps
so c'a cortes baro se tanh
en Raimon Gauceran d'Estanh ;
795 e de Malfait [tro] a Pinos [3]
i trobaretz e bautz e pros,
a Cardona.n Guillem lo ric
e en Urguelh ; per qu'ieu vos dic :
assatz baros pros et espertz.
800 E al Castel Vielh fo n'Albertz,
us cavayers mot coratjos,
e entorn luy d'autres baros
a totz bes far francx et arditz.

---

1. Ms. « non trobavon ni ancanoit ». Correction de Field.
2. Vers sans rime, supposant une lacune.
3. Ms. « e de tot Malfait a Pinos ».

et ne manquaient pas de s'empresser auprès des comtes qui, sans cesse, ont garanti par leur largesse un revenu au mérite. Il ne faut pas omettre le seigneur Blacas [1], ni le blond Guillaume de Baux [2], ni sire Guy d'Auvergne [3], ni le comte Dauphin qui posséda tant de mérite, ni de ce côté-ci, le seigneur Gaston [4] qui se préoccupait davantage du mérite qu'on ne lui en faisait crédit. Ceux qui passaient par Foix trouvaient là un seigneur juste, aimable et généreux, à ce que disait tout le monde [...] et à Vernet un seigneur plein de gaieté, Pons [5]. Vous trouverez toujours, brave et sincère, sire Arnaud de Castelnou [6]. Vous trouverez rassemblé tout ce qui convient à un baron courtois en Raymond Gauceran d'Estanh [7] ; sur toute la route qui va de Malfet [8] jusqu'à Pinos [9], vous trouverez des gens hardis et preux, à Cardona [10] et à Urgel [11], le puissant sire Guillaume ; je vous l'affirme : il y a de nombreux barons braves et habiles. A Castelvielh [12], il y avait le seigneur Albert [13], un chevalier très courageux et autour de lui d'autres barons nobles et hardis pour accomplir toutes les belles actions.

1. Il ne s'agit probablement pas du troubadour Blacas (1195-1239) dont dix *tensos* nous sont connues, mais de son père, Blacas d'Aups (1175-1195), noble de la Provence alpine qui joua un rôle important dans le gouvernement du comté auprès de Raimon Bérenger IV.
2. Guillaume IV des Baux, prince d'Orange (1182-1218).
3. Partagea le comté d'Auvergne avec son cousin le Dauphin et participa à la Croisade contre les Albigeois.
4. Fils de Guilhem Raimon de Montcade et neveu de Gaston V de Béarn. Né en 1173, il mourut sans enfant en 1215.
5. Mention est faite d'un Pons de Vernet en 1197 à Perpignan ; il a peut-être vécu jusqu'en 1249.
6. La famille de Castellnou de Vallespir est mal connue.
7. Gauceran II de Pinos, aristocrate catalan dont il est fait mention dans des chroniques entre 1172 et 1194.
8. Localité catalane à une vingtaine de kilomètres à l'ouest de Pinos.
9. San Pablo de Pinos, province de Lérida, Catalogne.
10. Ville de Catalogne, district de Cervera, au sud de Berga.
11. Ville de Catalogne, au sud d'Andorre.
12. Canton de Pouyastruc, arrondissement de Tarbes (Hautes-Pyrénées).
13. Albert de Castelvielh, noble catalan (1149-1206).

E si non aguessetz auzit
805 cals fo.n Guillems, sel de Mont[c]ade,
pogratz far [ai]tal matinade,
mot fora corteza d'auzir.
Mas vos non poiriatz sofrir,
a mon semblan, tant lonc sermo
810 e trop parlar met en tenso
so que mezura fay grazir ;
per qu'ieu vuelh a.n Miquel venir
en Arago et a.n Garssia
Romieu que tanta cortezia
815 fetz, e.n Etendens'a [1] Berenguier
que mantenc pretz fin e entier,
adreg e complit e verai.
E pueys de say tornar vos ai
al comte qu'es a Castilho,
820 en Pos bo, e so filh n'Ugo,
a mantener pretz e valor ;
e a Rocaberti senhor
en Jaufre, que tan fo prezatz
per mans locx e per mans regnatz
825 on foron per pretz enserratz,
e lur oncle trobar pogratz [2]
a Vila de Mul, en Raimon,
atal baron qu'en tot le mon
no.n ac ab dos tans de poder
830 que mielhs saupes pretz mantener,
car anc un sol jorn no fon las.
Trobaretz savi e de solas,
demest nos, en Pos de Serveira,
valen e de bona manieyra,

---

1. Ms. « endentensa.n ». Correction de Field.
2. Ms. « pogratz trobar ». La rime impose l'inversion.

AVRIL S'EN ALLAIT ET MAI ARRIVAIT

Et si vous n'aviez pas entendu quel homme était sire Guillaume [1], le seigneur de Montcade [2], vous auriez pu passer une matinée dont le récit aurait été très courtois. Mais, à mon avis, vous ne pourriez supporter un aussi long discours, et un trop long bavardage transforme en dispute ce que mesure rend agréable. Aussi, je veux en venir au seigneur Michel [3], en Aragon, et à sire Garcia Romieu [4], qui montra tant de courtoisie, et, à Etença [5], à Bérenger [6] qui maintint un mérite accompli, complet, juste, parfait et véritable. Puis de là, je vous amènerai au comte qui réside à Castillon, le seigneur Pons [7], et à son fils sire Hugues, capables de maintenir mérite et qualité, à Rocaberti [8], au seigneur Jaufré [9] qui fut si prisé et ceint de mérite en maints lieux et en maints royaumes ; à Vila de Mul [10], vous auriez pu rencontrer leur oncle, sire Raimon [11], c'était un baron tel que dans le monde entier, il n'y en a jamais eu — même deux fois plus puissant — qui ait mieux su maintenir le mérite, car jamais un seul jour il n'en fut las. Parmi nous, vous trouverez le seigneur Pons de Cerveral [12], sage et de compagnie agréable, valeureux et de bonnes manières,

1. Membre d'une famille catalane, vicomte de Bearn.
2. Localité de Catalogne, district de Sabadel, province de Barcelone. Soit le sénéchal Guillaume Raimon Dapifer (1120-1174), soit son fils Guillem Raimon qui assassina l'évêque de Tarragone.
3. Miquel de Luesia, aristocrate aragonais, membre de la cour d'Alphonse d'Aragon, dont le nom est plusieurs fois mentionné entre 1192 et 1212.
4. Chevalier aragonais, compagnon d'armes du roi Alphonse d'Aragon, mentionné entre 1208 et 1212.
5. Localité située à la frontière entre la Catalogne et l'Aragon, entre Tremp et Benavarri.
6. Aristocrate aragonais, seigneur de Saragosse et gouverneur de Catalogne en 1180.
7. Pons Hugues II d'Empuries, mentionné entre 1173 et 1200. Son fils, Hugues IV, participa aux batailles de Las Navas de Tolosa (1212) et de Muret (1213).
8. District de Balaguer, province de Lérida, Catalogne.
9. Connu par des documents catalans de 1190 à 1200. Il aurait participé aux batailles de Las Navas de Tolosa et de Muret.
10. Localité catalane située entre Figueras, Besalú et Gérone.
11. Connu entre 1176-1199.
12. Aristocrate catalan mentionné dans divers documents entre 1180-1187.

835 a totz faitz valens et ysnels.
A Maurelhas et a Monelhs,
e per d'autres locx que no.us dic,
i foron mant baro tan ric [1]
qu'e nulha terra non troberatz
840 vas part ni tan non sercaratz,
a nulhs bos faitz pus avinens,
e d'autras terras eyssamens
que no.us ai ditas atretal.
Mas per so car a so no.m val [...] [2]
845 Mas ad obrar ! Via del faitz !
Al vostre pair' e al Dalfi
vos ai descrig [3] so qu'en vi
ni qu'en auzi dir a la gen,
apres dirai vos solamen
850 so qu'en auzi, si m'escotatz.
Vers Dieus, que per nos fon penatz,
si com crezem, e fes cant es,
volc qu'en Alamanha vengues
us emperaires, Fredericx,
855 et [en] Engleterra, n'Enricx [4],
si com auzis dir al Dalfi,
e mays de sos fils atressi,
n'Enricx e.n Richartz e.n Jofres,
e en Tolza us coms cortes,
860 en Raimon, que tan fo prezatz.
E si ja no.us enamoratz,
aisi o deuriatz saber,
per mot auzir e per parer,
cals fo.l pros coms de Barsalona
865 e sos fils n'Anfos que tan bona
valor saup aver totz sos jorns ;
e aquest fetz saber sos torns
e conoissens' en son coratje.
Aquist conogron per paratje
870 los mals e.ls bos segon qu'ilh s'ero.
El el temps d'aquestz se levero,
qu'ieu vos ai dig, li trobador
e soudadier e.l contador
e pro baro vas Astarac,

---

1. Ms. « i foron mant baron man tan ric », mais vers trop long supportant la suppression de « man ».
2. Le vers suivant sans rime laisse supposer une lacune après « val ».
3. Ms. « desdig ». Correction d'après Bohs.
4. Vers trop court d'une syllabe.

brave et prompt à tous les exploits. A Maurellàs [1] et à Monells [2], et dans d'autres lieux que je ne vous nomme pas, il y eut de nombreux barons si puissants qu'en aucune région vous ne trouveriez — où et aussi attentivement que vous cherchiez — plus capables d'accomplir de belles actions, et il en était de même dans d'autres contrées que je ne vous ai pas citées. Mais comme cela ne me sert pas à [...] mais au travail ! Allons, aux faits, revenons à votre père et au Dauphin, je vous ai décrit ce que j'ai vu et entendu dire aux gens ; maintenant, je vais vous conter seulement ce que j'ai entendu, si vous voulez bien m'écouter. Le vrai Dieu, qui fut supplicié pour nous, comme nous le croyons, et qui créa tout ce qui est, voulut qu'en Allemagne, advînt un empereur, Frédéric [3], et en Angleterre, sire Henri, comme vous l'avez entendu dire au Dauphin, ainsi que ses fils, les seigneurs Henri, Richard et Geoffroy, et dans le Toulousain un comte courtois, le seigneur Raimon [4] qui fut très estimé. Et même si vous ne devenez jamais amoureux, vous devriez savoir, pour en avoir souvent entendu parler et parce que c'est un fait public, quels hommes furent le vaillant comte de Barcelone [5] et son fils Alphonse [6] qui sut faire preuve de très grande valeur toute sa vie. Celui-ci fit du savoir son enceinte et plaça la connaissance en son cœur. Grâce à leur noblesse, ces hommes connurent les bons et les mauvais selon ce qu'ils étaient. A l'époque de ceux dont je viens de vous parler, apparurent les troubadours, les soudoyers, les conteurs et de preux barons du côté de l'Astarac [7],

---

1. Canton de Ceret, Pyrénées-Orientales.
2. Monells, dans la province de Gérone.
3. Frédéric Ier Barberousse, empereur d'Occident (1155-1190).
4. Raimon V (1149-1195).
5. Raimon Bérenger IV, comte de Barcelone (1131-1162).
6. Alphonse II roi d'Aragon, comte de Barcelone (1162-1196).
7. Contrée du Bas-Armagnac, jadis comté dont Mirande était le chef-lieu.

875 si com en Bernart d'Armalhac
e n'Arnautz Guillems de Marsa
e.n Berenguier de Robian,
e de Cumeng' en Bernados,
e vas Monspeslier us baros,
880 en Guillems, adreg e membratz,
e tals que fon apparelhatz
a conoisser totz bos mestiers,
e sai us cortes cavayers,
Bertrans de Saissac l'apelavon.
885 Aquist venian et anavon,
e per aquestz eran refait
joglar e cavayer desfait
e mantengut li dreiturier.
E qui avia son mestier
890 ni son saber azaut ni car
ad els l'anavon prezentar ;
e ilh en la cort dels majors
on trobavon les guidadors [1]
e las poestatz barnatjozas,
895 adreitas e cavalairozas,
e conegudas e onradas,
co foro pro totas vegadas.
Ni ja sol non demanderatz,
mas a totz jorns la troberatz
900 aital com agratz sol pessatz.
Aquist foron enamoratz
e bastion torneys e guerras
per mans locx e per mantas terras,
e volgro las donas cortezas
905 e conogudas et entezas
si com'e ja lo pares vostres.
E no portavan pater nostres
ni autre senhal ab bel' onha
mas per ma dona n'Escarronha
910 e per na Maheus [2] del Palars

---

1. Ms. « guizados ».
2. Ms. « Matieus ».

comme les seigneurs Bernard d'Armagnac [1], Arnaud Guillaume de Marsan [2], Béranger de Robian [3] et Bernard de Comminges [4], et, du côté de Montpellier, un baron, le seigneur Guillaume [5], habile, renommé et ayant la capacité de reconnaître les belles qualités et, de ce côté-ci, un chevalier courtois qu'on appelait Bertran de Saissac [6]. Ces gens allaient et venaient et, grâce à eux, les jongleurs et les chevaliers ruinés étaient renfloués et les justes soutenus. Et si quelqu'un avait une conduite et un savoir agréables et de bonne qualité, il allait le leur présenter ; et eux [*ils les présentaient*] à la cour des plus grands où ils rencontraient les protecteurs, les puissants seigneurs de haut rang, habiles, chevaleresques, célèbres, glorieux tels que l'étaient toujours les preux. Vous n'auriez même jamais eu à demander car vous y auriez sans cesse reçu ce que vous auriez à peine imaginé. Ces hommes étaient amoureux, ils organisaient des tournois et des guerres en maints endroits et en maintes contrées ; ils aimaient que les dames fussent courtoises, célèbres et cultivées, comme le faisait votre père. Ils ne portaient pas de chapelet et d'autres signes qui ait reçu d'onction parfaite, sinon celle de madame Escarronha [7], de madame Maheut de Pallars [8],

1. Bernard IV comte d'Armagnac et de Fezensac.
2. Troubadour dont la période de production peut être située vers 1170-1180.
3. On ne sait rien de ce personnage, peut-être issu du village de Roubià, département de l'Aude, arrondissement de Narbonne.
4. Bernard IV, comte de Comminges et de Couserans (1181-1226). Il prit une part active à la guerre contre la Croisade comme vassal du comte de Toulouse.
5. Guillaume VIII de Montpellier (1172-1202).
6. Fils d'Uc de Saissac, Bertran fut l'ami de Roger II, vicomte de Béziers et de Carcassonne. Il semble avoir été un protecteur des troubadours, notamment de Guilhem de Berguedan et de Raimon de Miraval qui le louent. Sa mort est probablement survenue entre 1199 et 1202.
7. Probablement l'épouse de Bernard II de L'Isle-Jourdain, née vers 1125, évoquée par Arnaut Guilhem de Marsan et Guiraut de Bornelh.
8. Personnage difficilement identifiable, que rien ne permet de rattacher à la famille des comte de Pallars.

e per la dona d'en Gelmars,
la contessa d'Urgelh de lay
et per na Gensana de say
que fo de selas bonas gens [...]¹
915 e fait' a Dieu onrar e creire.
Et establian mant preveire
e mant mostier a Dieu servir
ses que no volgro obezir,
mas simplamen volian estar
920 sels que fan lo segle canjiar
e.l segl' essems mescladamens.
Per que.ls faitz e.ls captenemens
valc e duret ans e sazos.
Mas er es vengutz us perdos
925 e us sabers si com deslei².
E car trobon comtes et reys
e poestatz feblas e molas
an los tornatz en lurs escolas,
e fan lur creire so que.s volon.
930 E sels que per nien se dolon
e.s camjan soven e menut,
an o aisi tot resseubut
que res non an assaborat.
Per c'aissi son de lor lunhat
935 azaut saber e conoissen,
e.l cavayer pros e valen
que solian vieure mest lor
son tornat apres bauzador,
si co.l Dalfi vos ar a dit.
940 Mays yeu vos ai dig un petit
mays per que.s pert aisi valors,
joys e solatz, pretz e honors.
Er vos ai parlat dels baros,
per so qu'en siatz pus ginhos
945 per vos menar, e mielhs noiritz

---

1. Vers sans rime laissant supposer une lacune.
2. Ms. « delieys ».

de l'épouse de sire Gelmar, de la comtesse d'Urgel [1] là-bas, et de madame Gensana [2] ici, qui faisaient partie de ces personnes de qualité [...] et faites pour croire en Dieu et pour l'honorer. Ils établirent maints prêtres et maintes églises pour servir Dieu, ces gens qui ne voulaient pas faire vœu d'obéissance, mais ils voulaient simplement que restent ensemble, sans se séparer, ceux qui font changer ce monde. C'est pourquoi leurs exploits et leurs comportements eurent un prix qui dura des années et des lustres. Mais maintenant sont apparus une indulgence et un savoir ressemblant à un tort. Parce qu'ils trouvent des comtes, des rois et des seigneurs faibles et mous, ils les ont ramenés dans leurs écoles et leur font croire ce qu'ils veulent. Ceux qui se plaignent pour un rien et changent souvent d'opinion et à intervalles rapprochés ont ainsi tout reçu sans rien goûter. Aussi s'est éloigné d'eux le savoir agréable et éclairé, et les chevaliers braves et valeureux, qui avaient l'habitude de vivre parmi eux, sont ensuite devenus des trompeurs, comme vous l'a dit il y a peu le Dauphin. Mais je ne vous ai dit un peu plus longuement pour quelle raison se perdent ainsi la valeur, la « joie » et la bonne compagnie, le mérite et l'honneur. Je viens de vous parler des barons pour que vous soyez plus habile dans votre conduite et mieux éduqué

---

1. Sans doute Elvira, épouse d'Ermengau VIII devenu comte en 1184, mentionnée par les troubadours Aimeric de Sarlat, Aimeric de Belenoi et Aimeric de Peguilhan. Elle aida à la fondation et à la restauration de plusieurs établissements religieux, notamment la construction en pierre de la cathédrale de Lleida et du chœur du monastère de Poblet.
2. Personnage d'origine catalane, peut-être la « Juziana » mentionnée par Guilhem de Bergedà. Jussiana d'Entença, épouse d'Hugues III d'Empuries, qu'on trouve évoquée par des documents entre 1174 et 1178.

e per mostrar, si co hom ditz.
Ni vos mezeys m'avetz pregat
per cal manieira son prezat
aitals homes ni mielh apres.
950 Saber devetz qu'el mon [non] es [1]
sabers ni mestiers que tan valha
ad [a]zaut hom, si tot s'i malha [2]
vas fols, com joglaria [fay] [3].
Joglaria vol hom[e] gay
955 e franc e dos e conoissen
e que sapcha far a la gen,
segon que cascus es, plazer.
Mas er venon freg en saber
us malvatz fols desconoissen
960 que.s cujan far, ses autruy sen,
ab sol lur pec saber, doptar.
Sabers, seluy que.l vol menar,
es lo melhor trezaur del mon,
mas [m]estiers li es que l'aon [4]
965 ardimens e sens e manieira,
car ses aquestz non es leugieira
la dreita via per seguir.
Ardimens lo fay enantir
e abrivar entre.ls melhors
970 e manieyra.l dona secors
ad esgardar loc e sazso.
Sens non l'aduy autra razo,
mas que l'atempra si co.s tanh.
Ieu mon dic ges c'om en estanh
975 non puesca maracde pauzar,
mas sos sezers [5] es aur, so.m par,
aisi com de saber bos sens.
E sel qu'entre.ls desconoissens
vol ni cuyda saber trobar
980 tot atretal so cuyda far

---

1. Vers trop court d'une syllabe. Correction Bartsch.
2. Vers trop court d'une syllabe. Correction Field.
3. Vers trop court d'une syllabe. Correction Bohs.
4. Ms. « lis son ».
5. Ms. « mas sos sens es aur ». Correction hypothétique d'après Jeanroy.

et pour que vous vous mettiez en valeur comme l'on dit. Vous-mêmes m'avez demandé de quelle façon ces hommes se font davantage estimer et acquièrent une plus grande culture. Vous devez savoir qu'il n'existe pas au monde de savoir ni de métier meilleur pour un homme habile, même si le vain fou s'y prend au filet, que l'art du jongleur. L'art du jongleur requiert un homme gai, noble, doux et avisé, sachant faire plaisir à chacun en fonction de sa personne. Mais maintenant, il vient des gens au savoir froid, des sots ignorants et mauvais qui croient devenir redoutables en se passant de l'intelligence d'autrui, armés uniquement de leur stupide savoir. Le savoir, pour celui qui veut le pratiquer, est le plus beau trésor du monde, mais il est nécessaire qu'il ait le secours de la hardiesse, de l'intelligence et des bonnes manières, car sans elles le droit chemin n'est pas facile à suivre. La hardiesse le pousse en avant et le fait progresser parmi les meilleurs, les bonnes manières lui apportent de l'aide pour envisager le lieu et le moment appropriés. Le bon sens ne lui amène pas d'autre matière que de bien régler son comportement. Je ne dis pas qu'on ne puisse sertir une émeraude sur de l'étain mais c'est sur de l'or qu'elle a sa place, me semble-t-il, comme le bon sens est le siège du savoir. Celui qui veut ou croit trouver le savoir parmi les ignorants pense exactement faire

c'anc Dieu no volc un jorn sofrir.
Saber vol hom ferms, ses mentir,
adreg e franc e conoissen.
Et el er aital eyssamen
985 e malvatz entre.ls mals apres.
Que no.y a forfaitz homs cortes
ni pros, si vos no.l conoissetz
aisi co.s tanh, an ilh lo pretz
e vos remanetz enganatz.
990 Homes de segle y a fatz
e desconoissens c'al venir
cujan tantost home chauzir
e conoisser e.ls bos e.ls mals,
menar en lurs solas cabals
995 e far aitals com ilh se son,
e saber com o fan li bon.
E silh que conoisson saber
penson c'om ab mens de saber
que puesc'om lo.s lunhar de lor [1].
1000 E.ls marritz, que non an paor,
ni blasme non lur a que far,
volon los atressi lunhar,
aisi co.s tanh, vilanamen.
E silh que son desconoissen
1005 a maldir no.y gardon negu.
Atressi son dat a cascu
dels entendedors divers sens
que n'i a de pus sabens
e que s'engano mantas vetz.
1010 Aquels, segon que.ls trobaretz,
vulhatz menar car, que per vos
no serian mas tensonos
e pec e de mal escuelh.
Per qu'en dis n'Arnaut de Maruelh
1015 als desconoyssens ensenhar :

---

1. Ms. « que puesc'om lo.s luenh hom de lor ». Correction de Field.

ce que Dieu n'a pas voulu supporter un seul jour. Le savoir exige un homme constant, sincère, adroit, noble et cultivé. Il sera ainsi, mais mauvais parmi les gens mal élevés, car un homme courtois et brave n'a pas commis de faute si vous ne le reconnaissez pas comme il convient : eux ont le mérite et vous vous restez abusé. Il existe en ce monde des hommes sots, ignorants qui pensent pouvoir juger aussitôt un homme au premier abord, distinguer les bons et les méchants, les admettre en leur haute compagnie, les rendre comme ils sont, les mettre au fait de la manière dont agissent les bons. Ceux qui savent ce qu'est le savoir prennent soin d'éloigner d'eux un homme pourvu d'un savoir moindre ; ils veulent aussi mettre brutalement à distance, comme il convient, les méchants qui n'ont peur de rien et que le blâme n'affecte pas. Les gens incultes n'épargnent personne avec leur médisance. C'est ainsi que sont données diverses formes d'intelligence aux gens cultivés, car il en est des plus savants qui se trompent souvent. Ces derniers, selon la manière dont vous les rencontrerez, traitez-les avec égards parce qu'ils ne se montreraient avec vous que querelleurs, stupides et mal élevés. Aussi, Arnaud de Mareuil dit pour éduquer les ignorants :

« *Terra pot hom laissar*
a son filh eretar,
mas pretz non aura ja
si de son cor no.l tra [1]. »
1020 Natural cauza fay vila,
aisi com saber ensenhat.
Aital son aquilh, e pus fat
son mant autre, malvat e pec,
vilan cortes que, car son nec
1025 de saber, ja no.us sonaran
ad una part, mas can veiran
qu'entre donas seretz vengutz
o pres d'autres ; adoncx lur lutz
al cor us pecx ensenhamens.
1030 E diran [2] vos, c'als cays sabens
venon en grat aitals solatz :
« En joglar, e vos, com calatz
Que non diretz una chanson ? »
E vos, si tot non an sazo
1035 lur dig, no vulhatz empeguir,
car, ab un pauc que.ls sapchatz dir,
seran lur van voler passatz.
Aitan be son pro razonatz [3]
us autres que trobaretz motz,
1040 vilas e fatz com us voutz,
que per so que.us puescon janglar
volran auzir vostre cantar,
e son d'entendre vil e cau.
Aquels vulhatz menar suau
1045 e gen, car a ren no son bo ;
e si.ls moviatz conteso
serian vos vilan e fat.
Joglar volpilh, mal acabat,
trist e d'apenre recrezen,
1050 ses que non an saber ni sen

---

1. *Rasons es e mesura*, op. cit., v. 155-58.
2. Ms « dirai ». Correction de Bohs.
3. Ms « prezonatz ». Correction de Field.

> « *On peut laisser sa terre*
> *en héritage à son fils,*
> *mais celui-ci n'aura jamais de mérite*
> *s'il ne le tire pas de son cœur.* »

La nature fait le rustre, comme le savoir l'homme cultivé. Ceux-là sont ainsi, mais d'autres sont plus sots, méchants, stupides, des rustres de cour qui, parce qu'ils sont dépourvus de savoir, ne vous adresseront jamais la parole en particulier, sauf quand ils verront que vous vous trouvez au milieu des dames ou auprès d'autres personnes ; alors brille dans leur cœur un enseignement stupide. Ils vous demandent, car de telles plaisanteries plaisent à ces demi-savants :

« Sire jongleur, et vous, pourquoi vous taisez-vous ? N'allez-vous pas nous dire une chanson ? »

Et vous, bien que leur propos soit tout à fait déplacé, ne vous sentez pas embarrassé, car, si vous savez leur dire quelques mots, leur vaine lubie sera passée. Tout aussi raisonnables, rustres et niais comme des statues, sont d'autres — vous en rencontrerez en grand nombre —, qui afin de pouvoir vous railler, voudront entendre votre chant ; leur intelligence est vile et creuse. Traitez ces gens-là avec douceur et gentillesse car ils ne sont bons à rien ; si vous vous disputiez avec eux, ils se comporteraient envers vous avec grossièreté et stupidité. Il y a des jongleurs lâches, inachevés, tristes et dépourvus de courage pour apprendre, qui n'ont ni savoir ni intelligence,

ni ren mas enueg e foldat,
[c'ades]¹ qu'ilh an un temps amat,
volran vos jutjar folamen,
et ab un cantaret dolen
1055 cujaran pagar mals e bos,
e, contra.ls cambis dels baros,
aver coratjes afortiz.
Per qu'ieu vos dic, per so car guitz
vos er el segle gen menar,
1060 c'al canjamen vulhatz canjar
vostre sen e vostre saber,
e non sion contat plazer
vilan ni fat ni mal estan
ni trop² jutjar sels que faran,
1065 vas nulha part, mals fatz o bos,
novas d'amors e sas chansos
e autres chantar [eyssamens]³
E pagatz homens trists e [gens]
e totz autres cals que tro[betz]
1070 e no.y gardetz mas que pag[uetz]
cascus segon que valens er
a far azautz l'us com [...]
e de terras captenemens
adzautz e d'omes conoiss[ens],
1075 vulhatz saber. E, sobre tot,
gardatz que li dig e li mot
vos venguan d'omes conoissens
per c'al contar entre las gens
no.us en sia vils pretz donatz.
1080 Per so car sos faitz es mostratz⁴
a cascun mestier propriamens,
e lors propris captenemens
per c'om conois cals es cascus,
vos dic, e per so car es us
1085 e pretz d'aital home com vos,

---

1. Début de vers illisible. Proposition de Field.
2. Ms. « com ».
3. La fin des vers 1067-1074 est illisible. Nous adoptons les suggestions de Field.
4. Ms. « son fat e mostratz ». Correction de Bohs.

ni rien d'autre que chagrin et folie ; après avoir aimé un temps, ils voudront tout de suite vous juger follement et, avec une chansonnette pitoyable, ils penseront satisfaire les mauvais comme les bons et avoir le cœur fortifié contre l'inconstance des barons.

Aussi je vous dis, car cela constitue pour vous un guide de noble conduite dans le monde, d'adapter votre intelligence et votre savoir au changement ; il ne faut pas rapporter de choses plaisantes, ni grossières ni sottes ni inconvenantes, ni trop porter de jugements sur ceux qui agiront bien ou mal, où que ce soit, qui feront quelque part, bien ou mal faites, des nouvelles d'amour avec leurs chansons et également d'autres chants. Donnez satisfaction aux gens tristes et aux gens agréables et à tous les autres quelle que soit l'humeur où vous les trouverez ; ne veillez qu'à contenter chacun selon qu'il manifestera de la vaillance à rendre plaisante la coutume [...] et des différents pays apprenez les mœurs agréables et faites la connaissance des hommes cultivés. Et, par-dessus tout, prenez garde que vos paroles et vos mots vous viennent d'hommes cultivés afin que, lorsque vous les interpréterez en public, on ne vous en donne pas un vil prix. Comme chaque métier possède une apparence qui lui est propre ainsi qu'un comportement particulier permettant d'identifier chacun, et comme c'est l'usage et une qualité chez un homme tel que vous, je vous ai conseillé

c'ades vulhatz bos sabatos
portar e caussas benestans,
cotel, borsas, coreg' e guans
e capel el cap tener gen [1],
1090 car aitals captenh son plazen,
adzaut e non trop maystrat.
Vostre vestir sian talhat
e fait azaut e ben estan [...] [2]
e no sian lag ni tacos,
1095 mays aisi fresc e fait ginhos
com si venian per orat,
adzautimens que tan [3] en grat
venon a las gens mantas ves.
No vulhatz aver ni portes
1100 d'ome q'e[s] pecx captenemens,
ni tals arnes c'als conoissens
no semblon vostre tut ades,
car mal ten so mestier apres
sel que dechay per captenh fat.
1105 Vos non avetz semblan malvat
ni pec, ni paraulas perdudas,
per qu'ieu vos vuelh dir conogu[das]
razos e planas eyssamen
a far conoisser per cal sen
1110 ni com vieu aital homs co[chos] [4],
ni com deu esser cabalos
a far onrat captenemens,
per so car son valors e sens
sobre totas autras vertutz.
1115 E conoissensa sia dutz
et ab lo saber atertal,
vos dic, e car anc Dieus ta mal
home no fe ni tan vilan,
c'ades, si tot el no s'a plan
1120 lo cor, ni franc ni conoissen,

---

1. Ms. « cap gentener ». La rime impose la correction.
2. Vers sans rime laissant supposer une lacune.
3. Ms. « cas. ». Correction de Bohs.
4. Fin de vers illisible. Suggestion de Field.

de toujours porter de bons souliers et des chausses seyantes, un couteau, des bourses, une ceinture, des gants, un chapeau élégant sur la tête, car de telles manières sont agréables, convenables et pas trop recherchées. Que vos vêtements soient bien coupés et agréablement faits et convenables [...] qu'ils ne soient ni sales ni tachés, mais aussi frais et adroitement faits pour vous embellir à souhait, car il arrive souvent que cela plaît aux gens. N'adoptez pas la contenance ni l'apparence d'un homme stupide, ni des tenues qui ne paraissent pas immédiatement vous appartenir aux yeux des gens avisés, car celui qui se discrédite par une conduite stupide ne possède pas bien son art. Vous, vous n'avez pas l'air misérable ni bête et vous ne parlez pas pour ne rien dire, aussi je veux vous donner des principes bien connus et également faciles afin de vous faire connaître dans quel esprit et de quelle manière vit un homme ardent à adopter un comportement plein d'honneur et comment il doit se montrer parfait. Comme la valeur et l'esprit surpassent toutes les autres vertus, que ce dernier soit éduqué en la connaissance et avec le savoir également, je vous dis — car jamais Dieu ne créa un homme si mauvais et si grossier que tout de suite, même s'il n'a pas le cœur pur, franc et bien élevé,

no.l fasson gaug home valen
e gen noirit, com que.us vulhatz,
entre fols o entre malvatz
o entr'omes valens e pros,
1125 que vostres ditz sian [...] [1]
e vostre fag mesclat ab sen
e sobre tot azaut e gent
e per saber amezurat,
car anc hom[e] mal azaut, fat
1130 ni pec a re no foron bo.
Adzaut captenh fan hom[e] pro
ades grazir en tot afar,
e azaut son saber menar.
E val mays us faducx azautz
1135 mantas vetz c'us [pros] mals azautz [2].
E membre.us so c'us conoissens [...] [3]
trobaires dis, en Miravals,
a far azautz homens vassals
encontra mal estar [ginhos] [4] :
1140 « C'oms mal azautz si [tot s'es pros]
non es gair'ad ops d'amar bos [5]. »
Adzautimen fay grassi[os]
mant home e plazer [a la gen] ;
per que.us deu membrar eyssamen
1145 a far valens vostre [mestiers],
so que.us dis en Peire Rogiers
a.n Raymbaut c'ane[t vezer] :
« Si voletz el segle caber
[en] loc siatz fatz ab los fatz.
1150 E aqui meteys vos sapchatz
ab los savis gen mantener,
c'aissi.s cove c'om los assay,
l'us ab ira, l'autres ab jay,
ab mal los mals, ab be los bos [6] »
1155 Us homes y a nualhos

---

1. Le ms. donne « malvatz » qui ne rime pas avec « pros ».
2. Ms. « mantas vetz c'us mals azautz». Vers trop court d'une syllabe.
3. Vers sans rime laissant supposer une lacune.
4. La fin des vers 1139-1147 est illisible. Nous adoptons les suggestions de Field.
5. *Dels quatre mestiers valens*, pièce IX de l'éd. L.T. Topsfield, *Les Poésies du troubadour Raimon de Miraval*, Paris, 1972, v. 8-9.
6. *Seigner en Raimbaut, per vezer*, éd. C. Appel, *Peire Rogiers, das Leben und die Lieder des Troubadours*, Berlin, 1882, v. 29-35.

il n'éprouve de la joie. Devant les hommes valeureux et bien élevés comme vous le voudriez — entre les fous et les méchants, ou entre les hommes de qualité et de mérite, que vos propos soient [*intelligents?*] et vos actes pénétrés de bon sens et, par-dessus tout, aimables, agréables et réglés par le savoir, car jamais les gens déplaisants, sots et stupides n'ont été bons à rien. Une conduite agréable fait immédiatement bien accueillir l'homme courtois en toutes choses et lui fait utiliser avec grâce son savoir. Et souvent, un sot agréable vaut mieux qu'un être désagréable. Rappelez-vous ce qu'a dit un troubadour avisé, le seigneur Miraval [1], qui était habile pour donner de bonnes manières aux jeunes gens et les éloigner de toute inconvenance :

« *Un homme désagréable, serait-il brave,*
n'est guère bon dans les affaires amoureuses. »

L'amabilité rend gracieuses maintes personnes et les rendent agréables aux gens. Aussi, vous devez également vous souvenir pour rendre estimable votre art, ce que Peire Rogier [2] dit à Raimbaut [3] à qui il était allé rendre visite :

« *Si vous voulez trouver votre place dans le monde*
soyez, en lieu approprié, fou avec les fous.
Et ici même sachez
bien vous conduire avec les sages,
car il convient qu'on les traite ainsi :
les uns avec colère, les autres avec joie,
avec méchanceté les méchants, avec bonté les bons. »

Il existe certains paresseux,

---

1. Troubadour originaire de la région de Carcassonne qui a produit entre 1191 et 1213 quarante-quatre pièces d'attribution certaine.
2. Troubadout originaire d'Auvergne dont la période de production se situe entre 1160-1180.
3. Raimbaut d'Orange, troubadour provençal dont l'activité littéraire se situe entre 1150 et 1173. La quarantaine de pièces, d'accès difficile, léguée par la tradition manuscrite fait de lui un des maîtres du *trobar clus*, du style hermétique.

e ples d'erguelh et de no sen
que, can non an, s'en van dizen
c'astruc no cal mati levar.
E vos no.us vulhatz pensar
1160 ni en aitals cutz no fiatz,
que tota res ven a percas
e ab esfors de conquerer.
Astre es apelatz esper,
car hom non pot aver [per] sen [1]
1165 mas so c'om pot aver vezen
ni per plan saber acabatz
es sens e sabers apelatz,
e esgart d'ome conoissens
don savis vieu ric e valens [2].
1170 A bon esfors falh [3] marrimens
e.l pec moren estranhamens
e.l mal percassan ses poder.
E per so c'a [4] major plazer
vos vengan las razos qu'ieu trac,
1175 aujatz so qu'en dis a enac
us trobaires de mantas gen[s]
« *En amors a tal plazer sen[s]*
que qui.lh en sabia traire,
cascu seria mielhs amaire
1180 *que.ls fatz que en cochas pren.*
Non venon joc [a] desplazen [5]
ni a mal percassan plazer [6]. »
Per que.l faitz e.l genh e.l saber
s'aizinon fort al percassan,
1185 seluy que vol aver certan
josta.ls baros nulh gazardo [...] [7]
Ni bar non poc lonc mal aver,
ni Dieu ni fes segle tan ver
vas malvestatz c'us homs curos,
1190 adreitz e francx no.n traisses dos

---

1. Vers trop court d'une syllabe. Correction de Bohs.
2. Ms. « don hom savis vieu ric e valens ». Suppression de « hom » vers trop long d'une syllabe.
3. Ms. « folhs ». Correction Bohs.
4. Ms « car ». Correction de Bartsch.
5. Vers trop court d'une syllabe. Correction de Field.
6. Vers d'un troubadour inconnu, uniquement mentionné par Raimon Vidal.
7. Vers sans rime, laissant supposer une lacune.

pleins d'orgueil et d'absurdité qui, lorsqu'ils sont démunis, s'en vont en déclarant qu'un homme né sous une bonne étoile n'a pas à se lever de bon matin. Ne pensez pas de même et ne vous fiez pas à de telles opinions, car toute chose arrive au prix d'une recherche et d'un effort de conquête. La chance est appelée espoir, car on ne peut posséder par l'esprit, mais ce que l'on peut atteindre par la vue et par une connaissance entière et parfaite est appelé esprit, savoir et jugement d'homme avisé, grâce à quoi un sage vit puissant et plein de mérite. Quand on y met du sien, les soucis disparaissent, les fous meurent éloignés et les mauvais font des efforts infructueux. Afin que les raisons que j'allègue vous plaisent davantage, écoutez donc ce que dit, en guise d'encouragement, sur bien des personnes un troubadour :

« *En amour, l'intelligence donne un tel plaisir*
que si l'on savait l'en tirer
chacun serait un meilleur amoureux
que le fou qui se hâte de prendre les plaisirs.
Les jeux n'échoient pas à l'homme désagréable
ni le plaisir à celui qui le recherche mal. »

C'est pourquoi les exploits, les ruses et le savoir sont tout proches pour qui cherche à les obtenir, celui qui veut avoir une récompense assurée auprès des barons [...]. Un baron ne peut être longtemps disposé au mal et Dieu n'a pas créé un monde si tourné vers le mal qu'un homme ambitieux, habile et noble ne puisse en tirer des dons

       a se pujar e far valer,
       si.n saup genh ni maneir' aver
       ni l'art que se tanh ni lo fait.
       No.us metatz vos meteis en plait
1195   ni en esperdemen de re,
       si tot si son failhit li be
       vas mantas partz als queredors,
       car tostemps er bes e secors
       als conoissens e temps e locx
1200   e als alegres ris e jocx
       et als percassans bos atraitz
       mays que non es al segle fa[i]tz [1]
       greu y pot per forssa caber.
       Vostri fait e vostre saber
1205   sian divers e benestan,
       car hom non troba d'un semban
       a nos segon que.ns es donat [...] [2]
       non podem far homes novels.
       Per so car hom, si tot s'es bels [3],
1210   ses conoissensa res no val,
       vos dic c'om, a saber aital
       com vos, deu esser angoyssos
       e demandar locx e sazos
       e dels baros captenemens
1215   vas totas partz, car us dels sens
       es de bruj' e de sos enans.
       E car no.us deu esser afans,
       mas gaug e bo saber adzaut,
       aprendetz so qu'en dis n'Arnaut
1220   de Maruelh que per melhurar
       aquels qu'en pretz volon pujar
       e per uzar gens ensenhadas :
       « *E las estranhas e privadas*
       aprenda de las gens
1225   *fatz e captenemens ;*

---

1. Inversion des vers 1201-1202 d'après Bohs.
2. Vers sans rime, laissant supposer une lacune.
3. Ms. « tot bels s'es ». La rime impose l'inversion.

qui lui permettent de s'élever et d'augmenter son mérite, s'il sait posséder l'esprit, la manière, l'art et la façon qui conviennent. Ne vous inquiétez vous-même de rien et ne vous laissez pas démonter même si, de toutes parts, les biens font défaut à ceux qui les recherchent, car toujours, pour les gens avisés, il y aura du bien et du secours au bon moment et à l'occasion et, pour les gens gais, des rires et des plaisanteries davantage qu'il n'en existe au monde et de beaux profits pour ceux qui ont de l'ambition ; mais ce qui n'est pas créé dans le monde peut difficilement y trouver sa place de force. Que vos actes et vos connaissances soient divers et convenables, car on ne trouve pas d'homme semblable à soi selon ce qui est donné [...] nous ne pouvons pas changer les hommes. Comme un homme, serait-il beau, ne vaut rien sans savoir, aussi je vous affirme qu'un homme, un homme de votre genre, doit être sur le qui-vive et s'informer de toutes parts sur les lieux, les moments et les comportements des barons, car l'une des formes de l'intelligence s'attache à la rumeur et à ses avantages. Et car cela ne doit pas vous causer de la peine mais vous procurer de la joie et une connaissance utile et agréable, apprenez ce qu'en dit sire Arnaud de Mareuil pour améliorer ceux qui veulent augmenter leur mérite et pour l'usage des gens cultivés :

« Apprends à connaître des étrangers et des proches les actes et les comportements ;

> *e deman et enqueyra*
> *l'esser et la manieyra*
> *dels avols e dels bos.*
> *Dels malvatz et dels pros*
> 1230 *lo mal e.l be aprenda.*
> *E.l mielhs gart e entenda*
> *per se mielhs a defendre,*
> *si hom lo vol reprendre*
> *selh que vol vieure mest la gens* [1]. »
> 1235 Vos sabetz [*quez*] [2] als conoissens
> s'eschay a far entre.ls melhors,
> a lur pujar sens e valors
> e a demostrar bos sabers.
> Per que vos dic, per so car vers
> 1240 n'er vas totz locx totz vostres ditz
> e vostre fag n'er pus complitz
> e vostre cors pus acabatz,
> qu'entre totas vostras etatz
> vulhatz homes joves triar
> 1245 sel [*a*] cuy nobles cors fay far [3]
> so que s'atanh a pres valen.
> Per so car no an sempre sen
> volon ades far lur poder ;
> e.l malvat son larc per dever,
> 1250 cuy aduy cors a tot joven.
> Aquist volon auzir soven
> chansos d'amors e sirventes
> e totz chantars valens e fres,
> cals que sian, e jocx partitz ;
> 1255 e ja nor er [*ben*] aculhitz [4]
> entre lor hom suau ni quetz,
> estatz perfait, a cuy bon vetz
> e noble cors es remazutz.
> Vulhatz, per so que siatz dutz,
> 1260 saber e sen soven vezer,

---

1. *Rason es e mesura*, op. cit., v. 64-76.
2. Vers trop court. Correction de Field.
3. Vers trop court d'une syllabe.
4. Ms. « E ja no er hom aculhitz ». Correction de Field.

> *demande et renseigne-toi sur les mœurs et les*
> *[habitudes*
> *des méchants et des bons.*
> *Apprends des mauvais et des vertueux*
> *le mal et le bien.*
> *Que considère et réfléchisse au mieux,*
> *afin de mieux se défendre,*
> *si on veut lui faire des reproches,*
> *celui qui veut vivre en société.* »

Vous savez qu'il convient que les gens cultivés fréquentent les meilleurs afin d'augmenter leur esprit et leur mérite et de montrer leurs belles connaissances. Aussi, je vous conseille, pour que tous vos propos soient partout vrais, vos actes plus parfaits et votre cœur plus accompli, de distinguer durant toute votre vie les jeunes gens que la noblesse de cœur pousse à accomplir ce qui convient aux hommes de mérite. Comme ils ne sont pas toujours pleins de bon sens, ils veulent immédiatement accomplir ce qu'ils peuvent. Les méchants sont généreux par le devoir vers lequel tend le cœur de tous les jeunes. Ceux-ci souhaitent souvent écouter des chansons d'amour, des *sirventés*, des jeux-partis [1], et n'importe quel chant nouveau et de qualité ; parmi eux, ne sera jamais le bienvenu un homme tranquille, sauf s'il est parfait et que demeurent en lui de bonnes qualités et un noble cœur. Veuillez, afin de vous montrer habile, réviser souvent votre savoir et votre esprit,

---

1. Dialogue poétique où les interlocuteurs se « partagent le jeu », débattent d'une question amoureuse ou morale, futile ou sérieuse.

car silh que son a son poder
volon ades homes suaus
e que sapchan dir los bos laus
e.l blasmamen, si co.s cove.
1265 E aquilh volgron far ancse
valors e sens e conoissensas
e totas bonas captenensas,
aisi co.n terra seca.l peys [1].
D'aquels fa hom comtes e reys
1270 e arsivesques e prelatz,
e dons e caps e poestatz,
a mantener dretz e razos.
Sel on anc noble cor no fo
ni jovens non lur es proans
1275 trobaretz flacx e fals enans
e de totz pretz vans e vilas.
Per que.us prec que ja no.ls siguas
volontiers propdas ni vezis [2]
car de lor venon li fals ris
1280 e.l soanamen dels joglars
ab us semblans, us jocx avars
aisi de pretz desconoissens.
Aquist volon homes valens,
cal que sian, malvat o bo,
1285 e tenon tot hom[e] per bo
que per aver fay tota re.
Per que vivon trist, ses tot be,
sotz totas autras gens vencut
a far solatz si tot menut
1290 s'ensemblan mant homen ses sen.
Non agaretz entre la gen
totas sazos c'om vos apel,
car mantas vetz es bon e bel
a mant home, si tot s'estay
1295 aisi suau ses semblan gay,

---

1. Ms. « com en ». Correction Field.
2. Ms. « veus ». Correction Field pour la rime.

car ceux qui sont leurs maîtres, désirent toujours des hommes tranquilles qui sachent louer et blâmer comme il convient. Ceux-ci ont toujours voulu montrer du mérite, de l'intelligence, du savoir et toutes les nobles attitudes, de même que sur la terre le poisson se dessèche. C'est de ces gens qu'on fait des comtes, des rois, des archevêques et des prélats, des seigneurs, des chefs et des hommes puissants afin de maintenir le droit et la raison. Au contraire, ceux qui n'ont jamais abrité un cœur courageux et qui n'ont pas fait leurs preuves pendant leur jeunesse, vous les trouverez mous, faux, vides de tout mérite et grossiers. Aussi, je vous prie de ne pas les suivre ni de près ni de loin, car d'eux naissent les sourires hypocrites et le mépris pour les jongleurs, accompagnés de rires et de plaisanteries hostiles montrant qu'ils ignorent le mérite. Ceux-là veulent des hommes valeureux, quels qu'ils soient, mauvais ou de qualité, et tiennent pour bon tout homme faisant n'importe quoi pour le gain. Aussi vivent-ils tristement, démunis de tout bien, vaincus par tous les autres dès qu'il s'agit de se divertir, même si souvent s'assemble un grand nombre de gens dépourvus d'esprit. N'attendez pas qu'on vous appelle constamment lorsque vous êtes dans le monde, car, souvent, il est agréable à beaucoup, resteraient-il ainsi calmes et sans manifestations de gaieté,

       qui.l solassava d'avinen [1].
       Ni trop enujos eyssamen
       no sias entre.ls a sazos,
       car us es us mantas sazos
1300   els solatz entre.ls conoissens [...] [2]
       que fan lurs caps d'esquerns a dir
       don fassan home empeguir
       ni blasmon volpilh a trescar.
       Car hom que.s pot aissi camjar
1305   no se tanh entre totas gens.
       Mant home son, que vens jovens,
       ses noble cor e cant son fait
       sens lur adutz un tan larc [3] fait
       per que n'an cor valen e bo.
1310   Aquels, per so car on pus so
       vas jorns volon ades mielhs far,
       vulhatz soven vezer, e car [4]
       ades lur creys cor conoissens.
       Homens paubres, d'erguelh manens
1315   ses sen e ses far ben, i a
       que, car son pec, non volun ja
       autruy solatz, mas can lo lor.
       Aquist son tal c'a lor senhor
       neys dirian viltatz e mals ;
1320   per que vos dic qu'entre.ls aitals
       no vulhatz [s]es grans obs venir,
       car nulh' etat no.ls fay chauzir
       ni francx ni dos ni conoissens.
       Aquist volon homes sufrens
1325   a sostener lur vas poder,
       qu'els s'empeguisson de plazer
       ab us motz fals e avinens.
       Estiers aquestz n'i a cinq cens
       d'autres que son larcx e sotils
1330   a totz sabers, mas tans son vils

---

1. Ms. « qui la solassava », mais vers trop long d'une syllabe.
2. Vers sans rime, laissant supposer une lacune.
3. Ms. « lait ».
4. Ms. « car vezer ». La rime impose l'inversion.

qu'on les divertisse de façon gracieuse. De même, parfois, ne vous montrez pas trop fâcheux lorsque vous êtes parmi eux, car très souvent il existe un usage dans le divertissement auquel se livrent les gens cultivés : ils s'amusent à dire des railleries pour mettre les gens dans l'embarras et ils blâment ceux qui sont trop lâches pour entrer dans la danse. L'homme qui peut ainsi changer d'attitude n'a pas sa place dans toutes les compagnies. Beaucoup, sous l'emprise de la jeunesse, sont dépourvus d'un noble cœur ; la maturité venue, le bon sens leur fait connaître un acte si généreux qu'ils en ont le cœur vaillant et ennobli. Dans la mesure où plus ils vieillissent mieux ils veulent agir, fréquentez souvent ces gens-là car les connaissances de leur esprit augmentent sans cesse. Il y a des hommes pauvres, riches d'orgueil, dépourvus d'intelligence et de capacité à bien agir qui, parce qu'ils sont stupides, ne veulent jamais la moindre compagnie, sauf la leur. Ces gens seraient capables de dire, même à leur seigneur, des grossièretés et des méchancetés. Aussi, je vous conseille de ne pas fréquenter sans nécessité absolue de tels gens, car à aucun moment on ne les voit se montrer aimables, doux et cultivés. Ils aiment les gens qui ont la patience d'endurer leur vaine autorité, qui les rendent confus de plaisir avec quelques mots agréablement trompeurs. En plus de ceux-là, il y en a bien cinq cents autres qui sont généreux et subtils en toutes connaissances, mais ils sont si grossiers

e vas pretz mal acostumat,
c'un non podetz aver privat
ses gran maltrag. Per qu'ieu vos dic
c'ap lor vulhatz un pauc d'abric
1335 e de solatz aver soven,
car greu er c'om d'ome saben
e lar[c] non pot aver bos sens [1].
D'autres n'i a, humils sabens,
que, cant non an cor abrivat,
1340 volon ades homen privat
a descobrir lur voluntatz.
Aquels, si doncx no l[o]s trobatz [2]
ab autras gens, no.ls agaretz,
car anc us vas pretz res no fes.
1345 Mas vergonh' a[ver] [3] d'autras gens
es vaneza, qu'entre.ls valens
e entre.ls autres a son dan,
ven mantas vetz per [baralhan] [4] [...]
als us car an en pessamen
1350 e als autres car son valen
ven mantas vetz per cotenso [...]
e de ric cor fait e noirit.
Volpilhatjes, qu'ieu no.y oblit,
adutz als autres pauc parlar,
1355 e car volun suau estar,
car lur natura s'es aitals.
Per qu'ieu vos dic, per so car als,
segon mon sen, non devetz far
qu'entr' els vulhatz suau estar.
1360 E si no.ls trobatz en sazo,
autra vetz n'auretz be e pro
que l'acsidens lur es partitz.
Als naturals, per so car guitz
lur es suaveza totz jorns,
1365 vulhatz venir ab cortes torns

---

1. Ms. « e lar non pot aver los sens ». Correction Bartsch.
2. Ms. « aquels, si doncx no.ls trobatz ». Vers trop court.
3. Ms. « vergonha », mais trop court d'une syllabe. Correction Corominas.
4. Passage corrompu. Le Ms. donne la leçon suivante : « ven mantas vetz per contenso/als us car an en pessamen/ven mantas vetz per contenso/e als autres car son valen/et de ric cor fait e noirit ». Le « ven mantas » du vers 1350 est exponctué pour suppression. Correction Corominas et Field.

et si peu habitués au mérite qu'il est impossible d'être l'intime d'un seul sans grande peine. Aussi, je vous conseille de rechercher un peu leur protection et souvent leur société, car il sera difficile de ne pas retirer quelque profit intellectuel d'un homme cultivé et généreux. Il en existe d'autres, d'abord facile, savants, qui, lorsqu'ils n'ont pas l'esprit empressé, veulent sans cesse un confident pour lui découvrir leurs désirs. Ceux-là, même si vous ne les rencontrez pas avec d'autres gens, ne les recherchez pas, car jamais aucun d'eux n'a rien accompli en faveur du mérite. Mais pour la honte d'autres personnes, se manifeste souvent une forme de vanité chez les gens valeureux, et chez les autres, pour leur dommage en suscitant des disputes [...], les uns par ce qu'ils aiment méditer et les autres parce qu'ils sont valeureux [...], et fait et élevé par un noble cœur [1]. La lâcheté, que je ne l'oublie pas, ne permet guère aux autres de parler, car leur nature est telle qu'ils veulent rester tranquilles. Aussi, je vous dis qu'à mon sens vous ne devez pas faire autre chose que de rester tranquille avec eux. Et si vous ne les trouvez pas au bon moment, vous en tirerez une autre fois bien et profit, quand cette disposition les aura quittés. Allez trouver les gens parfaits, parce que la douceur est toujours leur guide, avec des manières courtoises

---

1. Les lacunes du manuscrit rendent ce passage incompréhensible.

eissamen ses semblan bru,
car silh non apelan negu
a solatz far ni faran ja
ni entr' els nulhas gens non a
1370 a nulh fag d'els pus conoissens.
Homen cuy falh valor e sens
e essernimens entre.ls pros [1]
y a que, car son cabalos
entr' avols gens, cujan valer
1375 car sabon ajustar aver
o car cujan esser adzaut,
o car sabon far un blizaut
o autre vestir ben estan,
o car cujan aver cors gran,
1380 e fait a plazer de la gen.
D'aital home no.us sia plazen
ni.ls vulhatz soven encontrar,
car no sabon mas so que far
vezon a lur contravalens.
1385 Homes que donan a las jens
per so car so n'an asermat,
vulhatz, si tot no son prezat
ni lor cove aitals sabers,
aquels vezer; mas lors avers
1390 no.ls vos fassatz trop sospleyar
car mespretz [2] es sovendeyar
homen qu'e saber non enten
e grans plazers d'ome saben
qui.l pot trobar franc ni joyos.
1395 Per Dieu vos dic, per so car vos
aitals homens devetz sercar,
qu'entorn aquels vulhatz estar
e esser soven e menut
a refrescar vostra vertut
1400 qui s'espert entre l'avol gen.

---

1. Ms. « e esser temens ». Correction Bohs.
2. Ms. « mos precx ». Correction Bohs.

et que leur mine ne reste jamais sombre, car ceux-ci n'appellent personne pour les divertir, ni ne le feront jamais ; parmi eux, il n'y a personne de plus savant en toutes choses qu'eux-mêmes. Il y a des hommes à qui manquent mérite, esprit et jugement parmi les gens de bien, qui, parce qu'ils excellent au milieu des gens méprisables, pensent avoir de la valeur car ils savent amasser l'argent ou parce qu'ils se trouvent agréables ou savent rendre élégant un bliaut ou un autre vêtement, ou parce qu'ils pensent être de grande taille et faits pour plaire. N'admirez pas de tels hommes et fréquentez-les rarement, car ils ne savent accomplir que ce qu'ils voient faire à ceux qui leur ressemblent. Ce sont les hommes, qui font des largesses parce qu'ils sont préparés à le faire, même s'ils ne sont pas tout à fait estimés et si une telle manifestation de sagesse ne leur convient pas, qu'il faut que vous tâchiez de voir. Mais que leurs richesses ne vous conduisent pas à trop vous soumettre à eux, car il est méprisable de fréquenter quelqu'un qui ne s'intéresse pas à la culture et c'est un grand plaisir de rencontrer un homme cultivé qui soit d'abord facile et gai. Aussi, au nom de Dieu, je vous dis, parce qu'il vous faut rechercher de tels hommes, de rester dans leur entourage et de les fréquenter souvent et fréquemment afin de renouveler vos capacités qui se dissipent parmi les gens méprisables.

Per Dieu e per vostre joven,
vos conjur, e per totas res,
e per so car saber non es
faitz mas per homens entendens,
1405 que vos entre.ls desconoissens
no vulhatz soven escampar
ni als pros ses razo comtar
que.s fan conoisser e grazir.
Car son saber fay escarnir
1410 comtaire pecx, ses tempramen.
Us malvaitz son desconoissen
e d'azaut saber enemic [1],
avar e flac, tristz e mendic
e d'aver flac e familhos,
1415 escarnidors d'omes joyos
e de tot autre ben estar.
E can volretz ab lor parlar
silh se metra a far deman.
Aquels, per so car on pus an
1420 mays son malvat e pus dolen,
vulhatz metre a desoven
en loc de tot vostre cossir,
car aisi los volc Dieu bastir
vils e ses tot melhuramen.
1425 Home que non an autre sen
mas voluntat [d]e bo saber [2]
vulhatz ades estranhs aver
com [de] vostre solatz partitz [3],
car aisi par fatz e noiritz,
1430 si com selh que lur es cossens.
Per so car anc Dieu a las gens
no volc donar engal captenh
ni engal [sen] ni engal genh [4]
ni engalmen esser joyos,
1435 vos dic qu'entre.ls valens e pros

---

1. Ms. « e d'azaut enemic de saber ». La rime impose l'inversion.
2. Ms. « e bo saber ». Correction Bohs.
3. Vers trop court. Correction de Bartsch.
4. Vers trop court. Correction de Bartsch.

Au nom de Dieu, de votre jeunesse et de toutes choses, je vous conjure, parce que le savoir n'est fait que pour des hommes intelligents, de ne pas vous répandre trop souvent chez les ignorants ni de faire des récits déraisonnables aux gens de mérite qui sont célèbres et appréciés. Un conteur stupide, dépourvu de modération, expose son savoir à la raillerie. Quelques personnes mauvaises sont ignorantes, ennemies des connaissances agréables, avares et faibles, tristes et perfides, pauvres et avides de richesses, pleines de moqueries contre les gens gais et tout ce qui est convenable. Lorsque vous voudrez leur parler, ils se mettront à poser des questions. Ces gens-là, dans la mesure où plus ils possèdent plus ils sont mauvais et tristes, tâchez de les oublier au lieu de vous en soucier, car Dieu voulut les créer ainsi, vils et incapables d'amélioration. Tâchez sans cesse d'éloigner de vous, en les tenant à l'écart de votre société, ceux qui n'ont pas d'autre esprit que l'envie de savoir, car celui qui lui est familier paraît posséder la même stupidité et la même éducation qu'eux. Comme Dieu n'a jamais voulu donner aux gens le même comportement, ni le même bon sens ni la même intelligence ni les doter de la même gaieté, je vous affirme que, parmi les hommes vaillants et de mérite,

n'i a que son ses tot esgart,
e que.us diran a una part
e mestz autrui que lur cantes.
E no.y gardaran nulh vetz
1440 ni nulh temps ni nulha sazo
e al ters mot de la canso,
cal que digatz, ilh groniran
e josta vos cosselharan
o.s metran novas a comtar.
1445 Anc Dieus sen non lur volc donar
ni fara ha, mon essien.
Aquels, si tot no son valen,
menatz al pus gen que poiretz,
car aital hom can vos etz,
1450 cascu lo cuj' aver comprat,
neus silh que son vilan e fat
e de malvatz captenemens.
Vos sabetz be, per so car sens
als non adutz nulha sazo,
1455 qu'entre.ls baros n'i a que so,
on pus lor ven bes, ergulhos
e que.us cujaran far, si vos
lur voletz dir una chanso,
en l'escotar lo gazardo
1460 e car sol vos volran sonar.
Aquels vulhatz sovendeyar,
si tot no s'an cor conoyssen,
car hom s'en fay a l'autra jen
ab lur privadesc esgrazir.
1465 Vilan cortes, qu'emparatgir
volon lurs faitz nessiamen,
ajatz privatz en lor joven
e mentr'aissi son empeguit,
car greu er can, joven partit,
1470 non tornon paubr'e recrezen.

il en existe qui ne font attention à rien et qui vous demanderont de chanter pour eux aussi bien en particulier qu'au milieu de tous les autres. Ils ne prendront jamais garde ni aux bonnes manières, ni au moment ni à l'occasion et, au troisième mot de la chanson, quoi que vous interprétiez, ils grogneront, chuchoteront à côté de vous ou se mettront à raconter une histoire. Dieu n'a jamais voulu leur donner du bon sens et, à mon avis, ne le fera jamais. Ces gens, même s'ils sont dénués de mérite, traitez-les le plus aimablement que vous pourrez, car chacun (même ceux qui sont grossiers, stupides et ne savent pas se tenir) pense qu'un homme comme vous lui appartient. Vous savez parfaitement, car l'intelligence n'apporte jamais rien d'autre, qu'il existe parmi les barons des individus qui se montrent d'autant plus hautains qu'on leur fait du bien et qui, si vous leur interprétez une chanson, penseront vous récompenser en l'écoutant et en daignant seulement vous adresser la parole. Fréquentez-les, même s'ils n'ont pas le cœur reconnaissant, car cela permet, grâce à leur amitié, de recevoir un bon accueil des autres. Les rustres de cour qui n'ont que la niaise pensée de rehausser leurs actions, soyez leur intime durant leur jeunesse, pendant qu'ils se conduisent avec cette sottise, car il n'y a guère de chance que, leur jeunesse disparue, ils ne deviennent pas pauvres et lâches.

Mas paratje desconoissen,
ni flac ni dig ni maistrit,
no.us fassan gaug, car en oblit
an mes tot pretz ses recobrar;
1475 e can vos poiran esquern far,
ilh se tenran per ereubut.
Homes cuy no son remazut
de paratje mas sol l'endenh
e vils parlar e flac captenh
1480 ab tot so qu'entre.ls pros mens val,
fuyatz [1] car, can non poiran al
o car non lauzar es falhir,
car fan paratje escarnir,
per so fay mal qui.ls y cossen.
1485 Mendic de cor, de dig valen
e de faitz bas, vos sian lonh;
per so car sies cascus sonh
ad esgardar homes ses sen;
sotz totz autres son a la gen,
1490 si com escas e fastigos,
e hufaniers e vils janglos.
E autres homes prezentiers
vulhatz trobar mest cavayers
e en autre loc vergonhos
1495 o se puescan fenher largos
e de cortes captenemens.
E s'i podetz ficar las dens
no.l doptetz a mordre calcat,
car aital home mal fadat
1500 a greu atendon mas un mors.
Us homens son que non an cors
mas a manjar et a jazer
e a dormir e a sezer
e ad estar suau e gen;
1505 e no vos sufriran un ven

---

1. Ms. « ayatz ». Correction Field.

Mais ne prenez pas goût à la fréquentation des aristocrates ignorants, mous, tristes et rusés, car ils ont oublié tout mérite sans espoir de le recouvrer ; lorsqu'ils pourront vous railler, ils en seront enchantés. Les hommes en qui ne restent de la noblesse que la mauvaise humeur, le parler grossier et un comportement mou, ainsi que tout ce qui est méprisé par les gens de mérite, fuyez-les car ils ne pourraient pas agir autrement, car vous ne pouvez pas les louer sans commettre de faute ; ces gens, qui exposent la noblesse à la raillerie, on a tort d'accepter de les louer. Restez éloigné des gens au cœur perfide, nobles en parole mais vils en action. Que chacun se préoccupe d'observer les hommes dépourvus d'intelligence ; ils apparaissent aux gens comme inférieurs à tous les autres, fastidieux, avares, fanfarons et comme de méchants bavards. Tâchez de trouver d'autres hommes parmi les chevaliers qui possèdent des manières avenantes, mais qui sont frappés d'opprobre ailleurs, où ils pourront feindre la largesse et un comportement courtois ; et si vous avez la possibilité de planter en eux vos dents, n'hésitez pas à les mordre fermement, car ces hommes nés sous une méchante étoile attendent difficilement autre chose qu'une morsure. Certaines personnes n'ont pas d'autres désirs que de manger et de rester couchés, que de dormir et de rester assis, tranquilles et à leur aise ; ils ne supporteront ni courant d'air,

ni un freg ni una calor
ni neguna mala olor
ni res c'om afortitz sofris.
Aquilh son tals c'anc hom que.ls vis
1510 no.ls tenc per bos ni per adregz.
Per so vos dic, per so car feitz
e mendicx es totz lurs afars,
c'ab lor no.us sia bos l'estars
ni lor pan aver saboros,
1515 car a totz jorns son usios
e lor torba.l cap cautz o vens.
Mais sel cuy cors e fis talens
ofron pretz a far lor poder
vulhatz anar soven vezer.
1520 E car hom lur deu far solatz
estiers comjat non atendatz,
car sol no sabon que.s es vos.
Si tot non es entre.ls baros,
vas totas partz pretz ni valors
1525 aisi com sol, [a] far secors [1]
als trobadors ni als joglars,
o car francx cors lur es avars
o car sens lor a castiatz
e car [2] mespretz lur es donatz,
1530 vos non tornes desconoissens
a far grazir malvadas gens,
ni als pros mens assolassieus,
car us sols bels ditz agradieus
vos er esmenda d'aital sen.
1535 E car hom per esgardamen
val may, ades n'estatz membratz
qu'en Guiraut dis als acabatz
per esfortir lur bon captenh :
« *Ni non tenh a dan*

---

1. Ms « aisi com sol far secors ». Vers trop court.
2. Ms. « can ».

ni froid ni chaleur ni la moindre mauvaise odeur, ni rien de ce qu'un homme énergique supporte. Ces gens sont tels que quiconque les a vus ne les a jamais considérés comme bons et capables. Aussi, je vous dis, parce que leur conduite est misérable et infâme, de ne pas prendre plaisir à rester auprès d'eux ni de trouver bon goût à leur pain, car ils sont continuellement oisifs, car la chaleur et le vent leur troublent les idées. Mais fréquentez souvent ceux à qui le cœur et un désir pur offrent le mérite nécessaire à l'exercice de leur autorité. Et comme on doit les divertir sans attendre leur permission, n'attendez pas car ils ne savent pas seulement qui vous êtes. Même si l'on ne trouve plus partout, comme avant, parmi les barons, le mérite et les qualités qui les incitaient à accorder leur aide aux troubadours et aux jongleurs, soit parce qu'un noble cœur leur est hostile, soit parce que l'intelligence leur a fait la leçon ou parce qu'on les méprise, ne devenez pas déraisonnable en faisant aimer de méchantes gens et ne vous montrez pas moins disposé à divertir les gens de valeur, dans la mesure où un seul propos aimable constituera votre récompense pour cette preuve de bon sens. Puisque la réflexion augmente toujours la valeur, souvenez-vous constamment de ce que sire Guiraut dit aux gens accomplis pour qu'ils améliorent encore leur comportement :

« Je ne considère pas comme un dommage

1540 *si.m destrenh*
amors ni.m deschay,
c'una vetz n'auray
mon bon[1] *esdevenh*[2]. »
Aisi tanh c'om afortit tenh
1545 a[ja] sos faitz pus cabalos[3].
Vilan apres manjar joyos
o apres[4] autr'esbaudimen
que no tanhon sabor ni sen
adzaut, ni lur vulhatz fugir
1550 e.us sapchatz ab lor esjauzir
vostre bon captenh retenen ;
car a grat d'aital avol gen
no.s deu om rendre trop curos.
Un home son flac, enujos
1555 amparador d'autruy mestier [...][5]
e.ls lors no sabon acabar.
E car son pec volran blasmar
als conoissens so qu'es en lor.
Per qu'ie.us dic aital jujador
1560 no.us fassan vostre sen camjar,
ni als cavaiers emparar
armas, ni als clercx l[*ur pre*]zic[6],
car mans mestiers, si tot s'es ric,
ven s'esbefar als tensonos.
1565 Autrui joglars ni las chansos
dels trobadors non reprendatz,
qu'envejos e mal ensenhatz
sembla qui son semblan repren[7]
e cortes sel qu'en defenden
1570 vol razonar sos companhos.
Mant home son aisi com vos
e d'autre saber atretal
que, car non an sen natural
adaut ni bo, van per lo mon
1575 vagan e no sabon per on

---

1. Ms. « ben ».
2. Giraut de Bornelh, *Gen m'aten*, pièce XXIII de l'éd. Kolsen, *op. cit.*, v. 68-72.
3. Vers trop court d'une syllabe
4. Ms. « ho pres ». Correction de Bohs.
5. Vers sans rime, laissant supposer une lacune.
6. Fin de vers difficilement lisible. Nous adoptons la suggestion de Field.
7. Ms. « semblan qui son semblan reprenden ». Correction Field.

> *qu'Amour me tourmente et m'abaisse*
> *car un jour j'obtiendrai*
> *ce qui est mon bon destin.* »

Les rustres qui sont joyeux après manger ou après une autre réjouissance et à qui n'importent ni goût ni esprit élégant, ne faites rien pour les fuir et sachez-vous réjouir avec eux tout en conservant votre bon comportement, car il ne faut pas trop se préoccuper de ce qui plaît à ces personnes viles. Certaines personnes sont faibles, assommantes, critiques à l'égard du métier des autres [...] sans être capables de bien faire le leur. Comme elles sont stupides, elles voudront blâmer les qualités des gens cultivés. Aussi, je vous déclare qu'il ne faut pas que de tels critiques vous fassent modifier ce que vous pensez, non plus qu'apprendre les armes aux chevaliers ni leur prières aux prêtres, car de nombreuses professions, bien qu'honorablement exercées, sont en but aux querelleurs. Ne corrigez pas les autres jongleurs ni les chansons des troubadours, car en reprenant son confrère on a l'air envieux et mal élevé, tandis que semble courtois celui qui défend et excuse ses compagnons. Beaucoup de gens, qui sont comme vous, ou qui ont d'autres connaissances du même genre, faute d'avoir un bon sens juste et bon, errent par le monde sans savoir où

s'en vay homs adretz ni cortes.
Ni lur faitz ni lor sens non es
mas en apenre jocx partitz
e [cas]cus[1] motz estanh c'om ditz
1580 als pecx que.ls tenon aut e car.
E volran als pros ensenhar
per on s'en vay pretz ni plazers
e als savis cals es sabers,
e als conoysens cals es sens ;
1585 e lors meteys captenemens
faran conoisser qu'ilh son pec.
Per so vos dic per so car nec[2]
son e malvat aital saber,
que cant volretz solatz aver
1590 al venir qu'entre.ls pros faretz,
si doncx ilh, ans que comensetz
no.us an demandat et enquist,
lur vulhatz dir so c'aves vist
fo[rs] per las terras ni auzit
1595 comensan petit e petit
aisi[3] co homs ven en solatz.
E dels baros, cals y trobatz
segon vostre sen pus cortes,
no.y oblidetz ni y cales
1600 segon auzida.ls pus valens.
E de las donas eyssamens
vulhatz contar los cals y so
a totz afars mielhs de sazo
per c'om deu dona mielhs prezar.
1605 E si.ls vezetz ben comensar
ad escotar votre saber,
novas per c'om pot mais valer
vas totz mestiers lur comensatz.
E apres aco, si.ls trobatz
1610 adreitz ni prims ni entendens,

---

1. Début de mot illisible. Ajout d'après Field.
2. Ms. « pec ». Correction Field.
3. Ms. « aiso ».

doit se rendre un homme habile et courtois. Leurs actes et leur intelligence se résument à apprendre des jeux-partis et des bons mots aux imbéciles qui les tiennent en haute estime. Ils voudront enseigner aux hommes de qualité le chemin du mérite et du plaisir, aux sages ce qu'est le savoir, et aux gens cultivés ce qu'est l'esprit ; leurs comportements mêmes feront connaître qu'ils sont stupides... Aussi, je vous dis, parce que ces types de savoir sont stériles et mauvais, de leur rapporter — quand vous voudrez avoir une conversation lors de votre arrivée parmi les gens de qualité, dans le cas où avant que vous commenciez on ne vous a pas interrogé et sollicité — de leur rapporter ce que vous avez vu et entendu dire dans les autres contrées, en commençant petit à petit comme on entre en conversation. N'oubliez pas de mentionner quels barons, à votre avis, vous y trouvez les plus courtois et n'omettez pas ceux dont on vous a dit qu'ils étaient les plus vaillants. De la même manière pour les dames, racontez celles qui se distinguent le mieux dans toutes les choses qui font qu'on doive davantage estimer une dame. Et si vous les voyez commencer à écouter avec attention ce que vous savez, commencez à leur dire une nouvelle, car c'est ainsi qu'on peut le mieux briller de tous les points de vue. Et ensuite, si vous les trouvez habiles, subtils et intelligents,

valors et linhatje e sens
vos sian a man et chantars.
Vostre semblan sian espars
e vostres ditz faitz autz e quetz,
1615 segon la razo que diretz ;
e.l cor aiatz ardit e bo
a ben formir vostre razo,
e.l cors tenetz segur e dretz
e de vilan parlar estretz
1620 e azaut e de bona faisso ;
e no.us metatz en tal sermo
per que.us venha nulhs torbamens.
[E en]tre.ls [senhors] eyssamens [1],
si com ieu vos ai dat mon dit,
1625 sian vostre saber partit,
vas que.ls trobaretz mals o bos.
Auzir [e vezer] fay a nos
saber so qu'an [2] fag li premier
don nos sabem que.l cavayer
1630 foron per homes elegut
a mantener pobol menut
e a far barnages e dos,
e que de lor feron chansos
e fon solatz fag e trobat.
1635 E tug bon aip adreg onrat
son mielhs en lor qu'en autra gen.
Mas ni.n volc far cominalmen
Dieus poderos e no.y gardet
... ls atray can pujet [3]
1640 ... als conoissens.
[Per qu'ieu] vos dic, per so car sens
que vostre... perdas dias
c'als conoissens, on que sias,
val [mais... tug] solatz aver
1645 per so qu'en puscatz [con]querer

---

1. Vers très difficilement lisible.
2. Ms. « es ».
3. Les vers 1639-1651 sont très difficilement lisibles. Nous adoptons certaines propositions de Field.

recourez à la valeur, à la noblesse, et aux chansons. Ne faites pas trop de mines mais prononcez vos paroles à voix haute ou avec douceur suivant le sujet dont vous parlerez ; parlez sans crainte et sans peur pour bien articuler ce que vous avez à dire ; tenez-vous droit et avec assurance, gardez-vous des propos grossiers ; ne vous engagez pas dans un discours où vous pourriez vous embrouiller. De la même manière, chez les aristocrates, comme je vous l'ai recommandé, distribuez votre savoir selon que vous les trouverez bons ou méchants. L'ouïe et la vue nous font connaître ce qu'ont fait les premiers [*troubadours*] par lesquels nous savons que les chevaliers ont été choisis par les gens pour assister le petit peuple, pour accomplir des exploits et des largesses, c'est à leur propos qu'ils ont composé des chansons et que fut créé et inventé le divertissement. Toutes les bonnes qualités, justes et dignes d'honneur, sont meilleures en eux que chez d'autres gens. Dieu tout-puissant ne voulut pas les faire égaux et il ne prit pas garde [...] en arrière quand il s'éleva [...] aux sages. [*Aussi*] je vous dis, bien que l'intelligence [...], que les hommes intelligents, où que vous vous trouviez, valent davantage pour la conversation, afin que vous puissiez acquérir

vos onra[*mens*] que lauzors
... sin... dors
... iens
mos laus gen als conoissens
1650 ni bo als pros la... [*en sazos*]
[*e recebutz en lurs*] mazos
vulhatz ades a pres tener
e lur captenemens vezer,
per so qu'en siatz pus cortes,
1655 car lay son tug li ben apres
e l'ensenhamen fait e dit,
e lay venon li eyssarnit
e silh qu'en pretz volon pujar.
E qui non a cor de donar
1660 en autre loc, si.l n'a aqui.
E aqui torno li fals fi
e.l bo melhor e.l torbatz clar,
e car Dieu res no volc laissar
sembla qu'establimen sieu fos.
1665 Un joglar son contrarios
e lauzador de lor meteys,
e car son pecx, neys s'era.l reys,
se volran metre josta vos,
cays que semblan pus cabalos
1670 e de major auctoritat.
E on pus an en loc estat,
mens son prezat en totas res ;
per qu'ieu vos dic, per so car es
vilas e fols aitals captenhs,
1675 que, can venretz en loc al mens,
aiatz cor suau de primier,
e pueys faitz tan que.l dig entier
e.l saber menetz per razo
que.us fassan enantit e bo
1680 e captenens entre los pros[1].

1. Ms. « entre.ls ». Vers trop court d'une syllabe. Correction Field.

plus d'honneurs que de louanges [...] [1] mes éloges, agréables aux sages et bonnes pour les hommes de mérite, [*au moment opportun*]. [*Lorsque vous serez reçu dans leurs*] demeures, tenez-les toujours en haute estime et observez leur conduite afin de devenir plus courtois, car c'est là que se tiennent tous les gens bien élevés, qu'on parle et qu'on se comporte avec politesse, là que viennent les gens intelligents et ceux qui veulent s'élever en mérite. Qui n'a pas le cœur généreux ailleurs l'a ici. Les fourbes y deviennent sincères, les bons meilleurs, clairs les confus et, comme Dieu n'a rien omis, il semble que cela a été établi par lui. Certains jongleurs sont désagréables et aiment à se louer eux-mêmes ; parce qu'ils sont stupides, ils voudront se mettre à côté de vous, même en présence du roi, comme si cela leur donnait l'air d'exceller et d'avoir davantage d'autorité. Plus ils sont demeurés quelque part et moins on les estime. Aussi, je vous conseille, parce qu'une telle conduite est grossière et insensée, d'avoir au moins, lorsque vous arriverez en un endroit, le cœur serein et puis de développer avec mesure ce que vous avez à dire et ce que vous savez, de sorte que cela mette en avant vos qualités et vous fasse votre place parmi les gens de qualité.

---

1. Passage très corrompu, dont le sens échappe à cause des lacunes.

Vostre saber, si tot s'es bos
ni cars, no lauzetz a las jens
ni vostre cor als conoissens,
ni als autres ples de ricor.
1685 E s'eratz filh d'emperador,
no seriatz mas can joglar
mentr' aisi.eus sapcha bo l'anar
ni.l venir bos ni saboros,
e, aprop, fag hom, si n'es pros
1690 ni grazitz, pus sos mestiers es.
E si tot s'es fort descortes
lo segles per locx ni vila[n]s,
si trobaretz omes serta[n]s
a conoisser vostre saber
1695 e vostre cor : si sap valer
pro er qui.l lauzara ses vos.
Autz locx, e d'omes poderos
e cortz vulhatz ades sercar,
car sel c'on ve lay acostar
1700 ses autruy saber s'es joglar
entre las jens, neys al pus car
n'es sos solatz pus saboros.
Amarviment fay cabalos
a parlar mant home ses sen.
1705 Per qu'ieu vos dic c'ab aital gen
no vulhatz parlan contrastar,
car tot lur fag es en parlar
aisi com en faitz d'omes pros.
Vilas blasmatz ni mals respos
1710 no.us aia volontat a ma,
car silh que son trist ni vila
ses vos seran assatz blasmat.
Ni trop lauzar, si tot li fat
s'en empeguisson, no vulhatz,
1715 car us bels sabers mens prezatz

Ne vantez pas aux gens, votre savoir, même s'il est bon et riche, ni votre cœur aux sages non plus qu'aux puissants. Si vous étiez fils d'empereur, vous ne seriez qu'un jongleur aussi longtemps qu'aller et venir vous sembleront agréables et plaisants ; ensuite, la maturité venue, on devient ainsi compétent et bien accueilli puisque c'est son métier. Même si le monde est devenu très discourtois et grossier à certains endroits, vous rencontrerez des hommes aptes à reconnaître votre savoir et à sonder votre cœur : s'il possède de la valeur, ils seront bien assez nombreux à le louer sans vous. Recherchez toujours les pays et les cours des hommes puissants, car celui qu'on voit s'en approcher, s'il est jongleur parmi les autres, rend plus agréables aux plus riches le divertissement. L'empressement rend maint imbécile excellent dans l'exercice de la parole. Aussi, je vous dis de ne pas contredire ces gens-là, car tous leurs exploits sont en paroles comme ceux des braves en actes. Ne vous montrez pas porté aux blâmes grossiers ni aux répliques méchantes car ceux qui sont méchants et vils seront beaucoup blâmés sans vous. Ne louez pas trop, même si cela rend confus les imbéciles, car un noble savoir déprécié

es astressi com trop blasmars.
E si.n voletz esser pus car
a.n Miraval venretz ades
que dis allunhat dels engres
1720 que per entendre son cabal :
« *E que trop mays que no val*
lauza si dons, fay parer
qu'esquern diga e non y es al[1]. »
Non lauzetz trop onrat capdelh.
1725 Trop eyssarnit ni trop d'esvelh [2]
no vulhatz esser ni trop trist
ni trop recressen ni trop vist
ni nulh trop no vulhatz aver,
car aisi son trop desplazer
1730 con mesura plazers onratz.
Per so car son trop daus totz latz
li sen, qu'ieu no.ls puesc totz contar,
e las manieyras que fan far
a las gens mans fagz dessemblatz,
1735 si com avetz auzit assatz
que vos agues tan enansat
vos dic c'ab homen pec ni fat
ni octracujat no vulhatz
aver paria ni solatz
1740 ni ren que torn a bon saber,
car tug siey fag e siey saber
son atretal naturalmens.
Ni s'ieu vos dic qu'entre.ls valens
val may us aital homs com vos,
1745 per so vos no.us rendatz als pros
de tal manieyra qu'en siatz
a los autres vils ni malvatz
ni de malvatz captenemens,
car mantas vetz ven aital gens
1750 o notz entre.ls pus cabalos.

---

1. *A penas sai don m'apreing*, pièce VI de l'éd. Topsfield, *op. cit.*, v. 45-47.
2. Ms. « ni trop escuelh ». Correction Bohs.

est comme un excès de blâme. Si vous voulez augmenter votre noblesse, référez-vous toujours au seigneur Miraval qui dit, à la différence des impétueux qui sont parfaits en amour :
  « *Celui qui, beaucoup plus qu'elle ne vaut,*
  loue sa dame, il semble
  qu'il la raille et rien d'autre. »
Ne louez pas trop les comportements pleins d'honneur. N'essayez pas d'être ni trop intelligent ni trop pédant ni trop triste ni trop lâche ni trop attentif. Ne vous montrez pas excessif, car les excès déplaisent autant que la mesure est plaisante et honorée. Comme de tous côtés les types d'intelligence sont trop nombreux pour que je puisse tous les compter, ainsi que les attitudes qui font commettre aux gens maintes actions différentes, de la même façon vous avez entendu assez de choses pour bien vous faire progresser, je vous dis de ne pas rechercher la compagnie et la société des sots, des imbéciles et des gens excessifs, ni rien qui constitue un agrément, car tous leurs actes et toutes leurs connaissances sont naturellement identiques à eux. Et si je vous affirme que le mérite d'un homme comme vous augmente en compagnie des gens de valeur, ne vous consacrez pas exclusivement aux personnes de qualité, au point d'en devenir vis-à-vis des autres grossier et méchant et de mauvais comportement, car souvent de telles gens s'insinuent entre les plus parfaits où ils nuisent.

Mentr'es aisi fresc e joyos
ni aculhitz pe.ls avinens,
vulhatz contar, qu'entre las gens
no se tanh on vielhs ni floritz.
1755 E membre.us c'om entre nos ditz
a far hom[es] aperceubut[z]
que can hom es reconogut[z],
e hom es vielhs endevengutz;
astruc es sel vas cuy s'adutz
1760 sens, mentre.l ven loc e sazos.
E ab aitan, cor no.ns fo bos
lo partir, nos venguem
a l'ostal nostre o mangem
tro lo mati que s'en anet.
1765 E no say si.l segle trobet
melhurat, car anc pueis no.l vi.
E Dieu m'aport a bona fi.

Pendant que vous êtes ainsi jeune, gai et bien accueilli par les gens aimables, racontez vos histoires, car en société les vieillards chenus ne sont pas convenables. Rappelez-vous ce qu'on dit parmi nous pour rendre intelligent : lorsqu'un homme est reconnu, c'est qu'il est devenu vieux ; heureux celui à qui vient le bon sens lorsque c'en est le temps et le moment. »

Alors, comme nous n'avions pas envie de nous séparer, nous sommes retournés à la maison où nous avons mangé ; [*le jeune jongleur*] s'en alla le lendemain matin. J'ignore s'il trouva le monde meilleur car je ne l'ai plus jamais revu depuis. Que Dieu m'amène à une fin heureuse !

À L'ÉPOQUE OÙ L'ON ÉTAIT GAI

En aquel temps c'om era jays

de

RAIMON VIDAL DE BESALÚ

En aquel temps c'om era jays
e per amor fis e verais,
cuendes e d'avinen escuelh,
en Lemozi part Essiduelh,
5 ac un cavaier mot cortes,
adreg e franc e ben apres
e en totz afars pros e ricx.
E car ades son nom no.us dic
estar m'en fa so car no.l say,
10 e car jes en la terra lay
non era dels baros majors.
Per que son nom non ac tal cors,
coma de comte o de rey,
car el non era jes, so crey,
15 senhor mas d'un castel basset
Mas noble cor, quen mans en [1] met
de bas loc en ric et en aut, [...] [2]
e d'avinen tot cant anc fesetz
que may puget, — e que.n diretz ? —
20 per gent tener, per cortezia,
per pretz e per cavalairia, [...]
que baron qu'en la terra fos [...] [3]
vas qu'el sera de copanhos
menet ab si et voluntiers.
25 Tant ac de covinens mestiers
que cavayer fo ric e bo,
qu'en la terra non ac baro
a qui taisses que de bon grat
no.l fezes de sa cort privat
30 e poderos ab si ensems.
E membra.m be qu'en aquel temps
que.l cavaiers fon pros aissi,
ac una don' en Lemozi,
rica de cor e de linhatje,
35 e ac marit de senhoratje

---

1. Ms. « qu'en mans se ». Correction d'après M. Cornicelius.
2. Ms. « de ric lo e de bas azaut ». Correction d'après Ms. L qui ajoute le vers suivant « li donet que saup far azaut ».
3. Le sens donne à penser qu'il y a une lacune.

A l'époque où les gens étaient gais et où l'amour les rendait parfaits et sincères, aimables et de conduite gracieuse, dans le Limousin, au-delà d'Excideuil [1], il y avait un chevalier très courtois, bien de sa personne, noble et bien élevé, et en toute circonstance excellent et remarquable. Et si je m'abstiens de vous dire tout de suite son nom, c'est parce que je l'ignore et parce qu'il n'appartenait pas aux barons du plus haut rang de cette région. Si son nom n'était pas aussi renommé que celui d'un comte ou d'un roi, c'est parce qu'il n'était, je crois, que le seigneur d'un petit château. Mais la noblesse de cœur, qui fait monter bien des gens de basse origine à une haute et remarquable position, [...] [2] habileté de tout ce qu'il put faire tout au long de sa vie. Qu'en dire ? Il s'éleva si bien par ses exploits, son mérite, ses actes chevaleresques, [...] que nul baron du pays. Il possédait tant de qualités qu'il devint un chevalier excellent et remarquable, si bien qu'en la région il n'y eut pas un baron à qui il fut apparenté qui n'en fît volontiers son intime et ne le rendît puissant à sa cour.

Je me souviens bien qu'à l'époque où ce chevalier montrait un tel mérite, il y avait en Limousin une dame, noble de cœur et de naissance ; elle avait un mari que son autorité

---

1. Excideuil, arrondissement de Périgueux en Dordogne, autrefois en Limousin.
2. Cette lacune et la suivante corrompent la présentation morale du chevalier.

>   e d'aver ric e poderos ;
>   mot fo.l cavaier coratjos
>   que seley amet per amor.
>   E la dona que de valor
>   40 lo vi aital e de proeza
>   noy esgardet anc sa riqueza,
>   ans lo retenc lo primier jorn,
>   qu'en Bernartz dis de Ventador :
>   « *Amor segon ricor non vay* [1]. »
>   45 E no.us pessetz vos doncx de lay
>   que cant se tenc per retengut
>   que no fos pus apercebutz
>   e pus pros que d'abans non era ?
>   Si fo, e de melhor manieira,
>   50 pus larcx e pus abandonatz,
>   car bon' amor fug als malvatz
>   e dona.[s] als bos metedors [2].
>   E don', en que treva valors,
>   ni a saber [3] ni conoissansa,
>   55 com auza far desconoissensa
>   ni drut recrezens per aver
>   tal que ja non aus aparer
>   ni en cort venir ni anar !
>   Sabetz cal drut deu don' amar ?
>   60 que per pretz vol menar joven,
>   adreg e franc e conoissen,
>   ardit et en cort prezentier.
>   E gart, cant penra cavayer
>   a si [4] servir, que sieu paresca
>   65 e qu'e s'amor melhur e cresca
>   qu'enaissi.l pot far de paratje ;
>   c'anc malvatz no fo de linhatje
>   ni hom galhart de vilania.
>   Mas lay on valor ven e tria
>   70 ven paratje, e de lay fuy

---

1. *Bel m'es qu'eu chan en aquel mes,* pièce 41 de l'éd. M. Lazar, *op. cit.,* v. 35.
2. Ms. « e dona.ls bos metedors ». Vers trop court d'une syllabe. Correction d'après L.
3. Ms. « ni a valors ni conoissansa ». Le Ms. N donne « e vals sabers e conoissansa ».
4. Ms. « assi ».

et ses biens rendaient riche et puissant. Le chevalier fut très courageux d'aimer cette dame d'amour. En le voyant d'une telle valeur et d'un tel mérite, la dame, sans avoir nul égard à son peu de bien, le retint [*auprès d'elle*] le premier jour, car sire Bernard de Ventadour déclare :

« *L'amour ne suit pas la richesse.* »

Est-ce que vous ne concluez pas que, lorsqu'il comprit qu'on l'avait agréé, il ne montra pas plus d'intelligence et de mérite qu'il ne l'avait fait auparavant ? Bien sûr, et avec de meilleures manières, plus de générosité et de libéralité, car l'amour vrai et de bonne qualité fuit les méchants et se donne aux hommes qui savent bien dépenser. Comment la dame, en qui demeure valeur et qui possède l'intelligence et la connaissance, ose-t-elle commettre une folie et prendre par cupidité un amant lâche qui n'ose plus ni se montrer ni aller ni venir en cour ! Savez-vous quel genre d'amant doit aimer une dame ? Un amant qui veut vivre sa jeunesse pour le mérite, un amant droit, noble, cultivé, hardi et avenant en cour. Qu'elle prenne garde, lorsqu'elle prendra un chevalier à son service, qu'on voie qu'il lui appartient et qu'il s'améliore et se grandit en l'aimant, car elle peut ainsi lui donner de la noblesse, car jamais un homme de rien n'a fait partie des nobles ni un homme excellent des rustres. Mais là où la valeur vient et distingue, arrive le mérite, et il fuit du lieu

on avol cors soven s'aduy
que mans n'a faitz bas d'aut baros [1]
e per so dis en Perdigos
« *En paratje non conosc ieu mai re*
75 *mas qu'en a mais sel que mielhz se capten* [2] »
E podetz conoisser qu'es dretz
e per so.l cavayer adretz,
a qui joi tanh e cortezia,
can vi c'a [3] sidons non tanhia
80 per paratje ni per ricor,
volc tant enantir sa valor
c'ab lieys s'engales pauc o mout.
E no.s tenc pas a ley de vout
vestitz, en patz a una part [4],
85 ans se carguet guerr' e regart
e fes per sos vezis assautz,
aisi com dis en Raÿmbautz,
e sel que vol auzir m'escout :
« *Per mi dons ay lo cor estout*
90 *que a ley l'ay humil e baut ;*
e s'a lieys no vengues d'azaut [...] [5]
ja no pensera d'al re mout
mas que manger' e tengra.m [6] *caut*
et agra nom en Raÿmbaut [7] »
95 No volc aver nom Raÿmbaut
lo cavaier mas bo e belh.
E la dona, per far sembelh
ad aquels qu'en van devinan,
volc li.n sofrir tot son deman,
100 per tal c'om pus bas no li.n des,
car greu er pros dona c'ades
hom calque drut no li.n devi.
E si no.n voletz creire mi,
aujatz d'en Miravalh qu'en dis,
105 que saup may d'amor que Paris

1. Ms. « d'aut bas baros ». On corrige d'après les autres manuscrits.
2. Perdigo, *Ben ajo.l mal e.l afan e.l consir*, pièce 2 de l'éd. H.J. Chaylor, *Les Chansons de Perdigon*, C.F.M.A., Paris, 1926, v. 35-36.
3. Ms. « c'as ».
4. Ms. « vestitz pascutz a un depart ».
5. Manque un vers de la *cobla* de Raimbaut donné par le Ms. N « eu m'estera en loc de vout ».
6. Ms. « tengratz ».
7. Raimbaut d'Orange, *Ben s'eschai q'en bona cort*, pièce XXI de l'éd. W. Pattison, *The Life and Works of the Troubadour Raimbaut d'Orange*, Minneapolis, 1952, v. 29-35.

où un cœur vil se rend souvent, car celui-ci a plongé nombre de hauts barons dans la bassesse.

Aussi Perdigon [1] dit :
« *En fait de noblesse je ne connais rien,
sinon qu'en a plus celui qui le mieux se comporte.* »

Vous pouvez bien vous rendre compte que c'est juste. Aussi, le chevalier, à qui convenaient joie et courtoisie, vit qu'il n'était en rapport avec sa dame ni par la naissance ni par la richesse ; il voulut élever son mérite au point de devenir peu ou prou son égal. Il ne se tint pas, à la façon d'une statue habillée, en paix à l'écart, mais il affronta guerres et dangers et combattit pour ses voisins, ainsi que le dit sire Raimbaut, et que celui qui veut entendre m'écoute :

« *Grâce à ma dame, j'ai le cœur audacieux
car à son égard je l'ai humble et hardi ;
et si cela ne lui était pas agréable
[je me tiendrais à la manière d'une statue]
et je ne penserais presque à rien,
sinon à manger et à me tenir au chaud,
et à m'appeler sire Raimbaut.* »

Le chevalier ne voulut pas avoir le nom de Raimbaut, mais un nom bel et beau.

La dame, pour leurrer les curieux indiscrets, voulut bien accepter tout ce dont il la priait, de manière à ce qu'on ne lui attribue pas un ami de plus basse naissance, car il sera bien difficile qu'on n'aille pas supposer quelque amant à une dame de mérite. Et si, à ce propos, vous ne voulez pas me croire, écoutez ce qu'en dit sire Miraval, qui s'y connut en amour mieux que Pâris

---

[1]. Troubadour originaire de Lesperon (Ardèche) dont la période de production se situe entre 1192 et 1212. Il a laissé une douzaine de pièces d'attribution certaine.

ni hom de c'auzissetz parlar
« *Sabetz per que deu don'amar
tal cavayer que.l sia onors ?
Per paors de mals parladors,*
110 *c'om non la.n puesc' ocaizonar
de so c'ad onrat [pretz] s'atanh* [1] *:
que pus en bon' amor s'empren,
nulhs hom no.m pot [faire] crezen* [2]
que ves autra part se vergonh [3] »
115 Aisi par issada del ponh
ab malparlier dona prezans.
E aisi.l tenc may de set ans
la dona.l cavaier que.us dic,
que pres del sieu e li sofric
120 sos demans e qu'el la prejes,
et en esdemieg que portes
anels e manjas per s'amor.
Adenan, un jorn de pascor,
c'aisi [4] servia.l cavayer
125 anet, car era costumier,
si dons vezer en son repaire.
E si.eus pensatz que.l saubes faire
tot so c'a bon solatz cove,
ja non cre qu'y falhatz en re,
130 c'anc dona mielh no s'en captenc.
E.l cavaier, desse que venc,
josta luy s'anet asezer ;
e no foron mas can plazer
las premieiras novas d'abdos.
135 Car sel que n'era bezonhos
e per sobramor apessatz,
co hom cortes et ensenhatz
a [5] sidons deu far, li comensa [6]
l'amor e la long' entendensa
140 qu'el a fag e.l lonc servir,

---

1. Vers trop court sans l'ajout de « pretz ».
2. Ms. « nulhs hom no.m pot recrezen », mais sens peu satisfaisant.
3. Raimon de Miraval, *Anc non attendei de chantar*, pièce XXX de l'éd. L.T. Topsfield, *op. cit.*, v. 25-32.
4. Ms. « c'aisis ».
5. Ms. « c'as ».
6. Ms. « la comensansa ». Vers trop long, correction d'après Ms. N.

ou que personne dont vous puissiez entendre parler :
« *Savez-vous pourquoi une dame doit aimer
un chevalier tel que cela soit à son honneur ?
C'est par crainte des médisants,
afin qu'on ne puisse lui faire de reproche
sur ce qui convient à un mérite plein d'honneur :
car une fois qu'elle est engagée dans un bon amour
personne ne peut me faire croire
qu'elle se déshonore d'un autre côté.* »

C'est ainsi que paraît échapper des mains des médisants une dame de mérite. La dame a traité ainsi plus de sept ans le chevalier dont je vous parle ; elle lui prit de son bien et admit ses demandes et ses prières et, dans l'intervalle, qu'il porte pour son amour anneaux et manches.

Plus tard, un jour de Pâques, alors qu'il la servait ainsi, le chevalier, car c'était son habitude, alla rendre visite à la dame chez elle. Si vous pensez qu'elle sut déployer pour lui tout ce qui caractérise une bonne compagnie, je ne crois pas que vous vous trompiez le moins du monde, car jamais dame ne se comporta mieux. Le chevalier, sitôt arrivé, alla s'asseoir à ses côtés ; les premières paroles qu'ils échangèrent ne furent qu'agrément. Celui qui était dans le besoin et rempli du souci d'un amour excessif, comme un homme courtois et bien élevé doit faire avec sa dame, commença à lui [rappeler] son amour, la constance de sa cour et de son service amoureux,

e car tostemps li deu grazir
l'onor e.l be qu'en luy es,
car be sap e conois manes
que per lieys l'es tot avengut ;
145 e si.l tengues a ley de drut
a son jazer ni per privat,
non cugera agues peccat
ni facha lunha leugaria.
E car los dis per merce.l sia
150 que no s'o tenha a lunh mal,
c'amor l'en fors' e non re al,
e car tostemps a auzit dire
qu'el mon non a tan greu martir
com lonc esperar qui.l sec fort.
155 Aisi no.l respos nulh conort
la dona, mas malvaizamens.
« Per Dieu, dis ela, malamens
ai messa l'amor que.us ay facha,
c'aital anta m'avetz retracha
160 ni.eus pessassetz c'ab mi.eus colques.
No y avia pro que.us ames
e.us tengues per mon cavayer ?
A mi m'en torn que mal m'en mier,
car per vos n'ay laissat man ric,
165 qu'en Bernartz dis, lo fin amic,
veraiamens, que yeu o say :
« *Totz m'en deconosc, tan be.m vay
e s'om sabia en cui m'enten* [1] »
Tan n'ay fag per ensenhamen
170 que totz vos es desconogutz.
Aisi com volgues esser drutz,
vos tuelh mo solas e m'amor.
E pensatz de conquerr' alhor
dona c'ab si.eus denha colcar,
175 c'ab mi non podes may trobar

---

1. Ms. « e si sabiatz en que.us o pren ». Correction d'après le Ms. N., Bernart de Ventadorn, *Lonc tems a qu'eu no chantei mai*, pièce XIX de l'éd. M. Lazar, *op. cit.*, v. 10-11.

qu'il devait constamment lui savoir gré de l'honneur et du bien qui étaient en lui ; il savait parfaitement et s'empressait de reconnaître que c'est grâce à elle qu'il les a obtenus. Si elle le traitait comme un amant au lit et comme son ami privé, il ne penserait pas que ce fût un péché ni qu'il y eût là rien de léger. Il lui disait que, par pitié, elle ne vînt pas à prendre mal ses paroles, car c'était l'amour et lui seul qui l'y contraignait ; il avait toujours entendu dire qu'il n'existe pas au monde de plus grand martyre que la longue attente qui l'oppresse si cruellement. A ce point, la dame, loin de l'encourager, lui répondit méchamment : « Par Dieu, j'ai mal placé l'amour que j'ai éprouvé pour vous puisque vous m'avez tenu des propos aussi honteux et qu'il vous est venu l'idée de coucher avec moi. N'était-il pas suffisant que je vous aimasse et que vous prisse pour mon chevalier ? C'est ma faute si je suis punie, car j'ai renoncé pour vous à maints puissants chevaliers ; sire Bernard [1], l'amant parfait, dit en toute vérité, je le sais :

« *Je ne me reconnais plus, tant ma situation est [bonne,*
et si on savait en qui je mets mon amour. »

J'en ai tant fait par politesse que vous vous êtes totalement oublié. Ainsi, puisque vous voudriez être mon amant, je vous prive de ma compagnie et de mon amour. Tâchez de conquérir ailleurs une dame qui daigne vous coucher avec elle, car auprès de moi il n'est plus pour vous

---

1. D'origine servile, si l'on en croit son biographe médiéval, Bernard de Ventadour (Corrèze) aurait connu une promotion sociale et amoureuse (il aima successivement la vicomtesse de Ventadour et la duchesse de Normandie, future reine d'Angleterre) grâce à la qualité de sa poésie. Son activité littéraire se situe entre 1160 et 1180. Il est le maître du *trobar leu,* du style facile ou simple. Les quarante-quatre pièces léguées par la tradition manuscrite sont parmi les exemples les plus purs du lyrisme amoureux des troubadours.

esmenda, patz ni fi ni treva. »
Ab tan de josta luy se leva,
cais c'als autres dones solatz.
E.l cavayer remas iratz,
180 qu'es per amor en manta guerra,
pessieus e tenc son cap vas terra [1]
ab mant pensamen enujos.
E penet se, car fon cochos
a si dons tan de dir son cor,
185 e maldis sel que a nulh for
amet anc, car tot cant avia
fag en set ans pert en un dia
ses forfag, e no sap per que.
En la sala, que be.m sove,
190 on aiso fo c'a seluy peza,
ac una donzela corteza,
nepta del senhor del castel.
Azaut cors ac e gent e bel
e jove, que non ac vint ans.
195 E aperceup be per semblans
e per fag las novas d'abdos,
car vi.l cavayer cossiros
per la dona que s'en levet,
e conoc be, c'anc no.y ponhet,
200 c'auzit ac so que no.l fo bo.
Ves el s'en va per occaizo
e per semblan d'aver solatz ;
e.l cavayer fo ensenhatz
josta si li fes bel estatje,
205 com a donzela d'aut paratje
deu hom far cant es pros ni bela.
Aisi co hom se renovela
solas [2] per traire cor d'autruy,
li dis tan, entro que l'aduy
210 en las novas c'auzir volia.

1. Ms. « pessieus e tenc son cap vas terra/qu'es per amor en manta guerra ». Ordre du Ms. inversé d'après les autres manuscrits.
2. Ms. « novas ». Correction d'après les autres manuscrits.

ni réparation, ni paix, ni accord, ni trêve. »

Elle se lève alors d'à côté de lui comme pour aller tenir compagnie à d'autres.

Le chevalier, qui éprouve de grands troubles à cause de l'amour, resta chagriné, soucieux, la tête basse, agité de maintes pensées douloureuses. Il se tourmentait de s'être trop hâté de dévoiler son cœur à sa dame. Il maudit celui qui avait jamais aimé, car tout ce qu'il a accompli en sept ans, il le perd en un jour, sans avoir commis de faute et sans savoir pourquoi.

Dans la salle où s'était déroulée la scène qui le chagrine, je m'en souviens parfaitement, se trouvait une courtoise demoiselle, nièce du seigneur du château. De corps, elle était agréable, élégante, belle et jeune : elle n'avait pas vingt ans. Elle se rendit bien compte aux mines et aux gestes de ce qui se passait entre eux deux, car elle vit le chevalier affligé à cause de la dame qui l'avait quitté ; elle comprit parfaitement, sans effort, qu'il avait entendu une chose qui ne lui plaisait pas. Elle se dirige vers lui sous prétexte et semblant d'engager la conversation ; le chevalier, qui était bien élevé, lui fait une belle place près de lui, comme on doit le faire pour une demoiselle de haute noblesse lorsqu'elle possède mérite et beauté. De même que l'on entre dans une nouvelle conversation pour découvrir le cœur d'autrui, elle lui parla si bien qu'elle l'amena à parler de ce qu'elle souhaitait apprendre.

Et el li dis : « Per Dieu, amia,
car conosc que de vos no.m gart,
ans car paretz de bona part
e tals que no.y a malvestatz,
215 vos diray, e sia.n selatz,
de vostra domna co.m n'es pres ;
car [1] sai que tant avetz apres,
non per jorns mas per plan coratje,
que ben sabetz que per linhatje
220 ni qu'ieu cuges esser sos pars
non amey, e sia.m cujars,
eissitz, vostra don'a mos jorns [2].
Mas Amors, que non es sojorns,
que fai en tant aut loc amar,
225 la fes tant en mon cors membrar
que mal mon grat loy aic a dir.
E pus m'ac fag en lieis chauzir,
a lieys servir non gardey re,
ni nueg ni jorn, ni mal ni be,
230 ni dams ni pres, ni pauc ni res.
E membra.m be, cals c'o disses,
e cug fos n'Ar[naut] de Marruelh,
que saup mai d'amor que Nantuelh
ni nulh autre, al mieu albir :
235 « E can me pens cals es que.m fa languir,
cossir l'onor et oblit la foldat,
e lays mo sen e siec ma volontat [3] »
Aisi m'a amors enganat
e fag amar set ans en van ;
240 e ar, can cugey penre plan
e leu so c'avia servit [4],
es m'avengut so c'ai auzit
que dis en Folquet l'amoros :
« Per [qu'er] [5] peccat, Amors, so sabetz vos,
245 si.m aussizetz, pus vas vos no m'azire :
car trop servir ten dan mantas sazos,
que son amic en pert hom, so aug dire :

---

1. Ms. « e ar », mais vers trop long.
2. Ms. « anc vostra dona mori un jorns ». Correction d'après le Ms. N.
3. *Si.m destreignetz, dompna, vos et Amors*, pièce XXIII de l'éd. R.C. Johnston, *Les Poésies lyriques du troubadour Arnaut de Mareuil*, Paris, 1935, Genève, 1973, v. 38-40.
4. Ms. « e leu so c'avia perdut servit ».
5. Ajout d'après le Ms. N.

Le chevalier lui dit :

« Par Dieu, amie, je sais que je n'ai pas à me méfier de vous ; au contraire, vous semblez de bonne origine et dépourvue de méchanceté ; je vais donc vous raconter — et que cela reste secret — ce qui m'est arrivé avec votre maîtresse. En effet, je sais que vous avez si bien appris — non par les ans mais par le cœur — que vous savez que je n'ai jamais aimé de toute ma vie votre maîtresse (que l'idée même en soit exclue) pour son lignage ni avec la pensée d'être son égal. Mais Amour, qui est loin d'être au repos quand il fait aimer en si haut lieu, l'a tenue si présente dans mon cœur que j'ai dû le lui avouer malgré moi. A partir du moment où il m'a fait lever les yeux sur elle, je n'ai rien épargné pour la servir, ni nuit ni jour, ni mal ni bien, ni dommage ni prix, ni peu ni beaucoup. Je m'en souviens parfaitement, quel que soit celui qui l'ait dit, mais je pense que c'est sire Arnaud de Mareuil, qui s'y connaissait davantage en amour que celui de Nanteuil [1] ou que n'importe qui, à mon avis :

« *Et quand je pense qu'elle est celle qui me fait languir*
je médite l'honneur et j'oublie la folie,
j'abandonne ma sagesse et je suis mon désir. »

C'est ainsi qu'Amour m'a abusé et fait aimer sept ans en vain. Maintenant, au moment où je pensais recueillir simplement et facilement le fruit de mon service, il m'est arrivé ce que j'ai entendu dire à sire Folquet l'amoureux [2] :

« *Ce sera un péché, Amour, vous le savez,*
si vous me tuez, puisque je ne me rebelle pas contre
[*vous* ;
servir trop longtemps nuit souvent,
car on y perd son ami, à ce que j'entends dire :

---

1. On ne connaît pas de troubadour ayant porté le nom d'Arnaud de Nanteuil. Il s'agit de Gui de Nanteuil, héros d'une chanson de geste.
2. Folquet de Marseille, fils d'un marchand de Gênes, débuta sa carrière poétique vers 1180 et la poursuivit jusqu'en 1200, date à laquelle il entra au monastère du Thoronet avec sa famille. Il devint évêque de Toulouse en 1205 et mourut en 1231. Il reste de lui une vingtaine de pièces.

> qu'ie.us ai servit, e encar no m'en vire
> e car sabetz qu'en guizardo enten,
> 250 ai perdu vos e.l servir eyssamen [1]. »
> — Aiso no.m par del vostre sen,
> dis la donzela, bels amicx.
> Trop me parlatz de bas aficx,
> vos [2] que de ric cor semblatz autz
> 255 e auzis qu'en dis en Guirautz,
> que saup mai d'amor que Tristans :
> « *E com ? — Ja semblari' enjans*
> *aital bobans*
> *c'om be ames e no sofris* [3] *!* »
> 260 E car ma dona no s'en ris,
> al premier deman non dis d'oc,
> cujatz que per so.us torn en joc
> vostr' afar ni.eus [*datz*] [4] cossirier.
> Ni d'en G[*uillem*] de San Leydier
> 265 qu'en dis, non auzis anc parlar ?
> « *Sel qu'obra d'amor sap far*
> *jes per un dig no.s desesper*
> *car bona dona son voler*
> *sela sovens per essajar* [5]. »
> 270 Voletz n'en mon cosselh estar
> o non ? — O yeu, mot voluntiers,
> donzela, dis lo cavaiers,
> e prec vos que m'en cocelhetz.
> — Aras vuelh doncx que.us remenbretz
> 275 aquesta cobla per intrar
> c'avetz d'en G[*uillem*] Adzemar
> auzida dir et en mans locx :
> « *Be.m fara canezir a flocx,*

---

1. Folquet de Marseille, *Amors, merce ! no mueira tan soven !*, pièce IX de l'éd. S. Stronski, *Le Troubadour Folquet de Marseille*, Cracovie, 1910, Genève, 1968, v. 8-14.
2. Ms. « vas ».
3. Guiraut de Borneil, *Can creis la frescha folh' e.l rams*, pièce XXXIII de l'éd. cit., v. 48-50.
4. « datz » manque dans R. mais est donné par les autres manuscrits.
5. Ces vers n'appartiennent à aucune des treize pièces attribuées à Guilhem de Saint-Didier, cf. A. Sakari, *Poésies du troubadour Guilhem de Saint-Didier, Mémoire de la Société néophilologique d'Helsinki*, XIX, 1956.

> *je vous ai servi et je ne m'en détourne pas encore*
> *et puisque vous savez que je désire en avoir*
>   *[récompense*
> *je vous ai perdu en même temps que le service.* »

— Bel ami, cela ne me paraît pas une preuve de votre sagesse, dit la demoiselle. Vous n'évoquez que de basses aspirations alors que vous semblez élevé par un noble cœur. Écoutez ce qu'en dit sire Guiraut [*de Bornelh*] qui s'y connaissait davantage en amour que Tristan [1] :

> « *Comment cela ? Elle aurait tout l'air d'une*
>   *[tromperie*
> *une telle fanfaronnade :*
> *aimer parfaitement et ne pas souffrir !* »

Et parce que ma dame n'en a pas souri et n'a pas répondu « oui » à la première requête, vous pensez qu'elle se moque de votre affaire et vous êtes tout soucieux. N'avez-vous jamais entendu rapporter ce qu'en dit sire Guillaume de Saint-Didier [2] ?

> « *Celui qui sait bien faire l'œuvre d'amour*
> *qu'il ne se désespère pas pour une parole,*
> *car une bonne dame son désir*
> *dissimule souvent pour mettre à l'épreuve.* »

Voulez-vous oui ou non vous tenir à mon conseil ?

— Oui, très volontiers, demoiselle, répond le chevalier, je vous prie de me conseiller.

— Je veux donc que vous vous remémoriez pour commencer cette strophe de sire Guillaume Ademar [3] que vous avez entendu rapporter en maints endroits :

> « *Elle me fera bien blanchir les cheveux par touffes,*

---

1. Ce personnage littéraire, amant de la reine Iseut et neveu du roi Marc, est pour le Moyen Age le prototype de l'amoureux. Thomas d'Angleterre le nomme d'ailleurs dans son *Roman de Tristan*, « Tristan l'amoureux », celui qui aime et est devenu la figure emblématique de l'amour.
2. Ce hobereau, seigneur de Saint-Didier-en-Velay (Haute-Loire), vassal du vicomte de Polignac (dont il aima la femme) et de l'évêque du Puy, laissa treize pièces composées entre 1165 et 1195.
3. Troubadour issu du Gévaudan. La période de production des seize pièces qui lui sont attribuées se situe entre 1195 et 1217. De petite noblesse, nous rapporte son biographe, il ne put maintenir son rang et dut se faire jongleur.

si no.m secor enans d'un an,
280 *car ja aug dir que van brotan*
canetas, e no.m sembla jocx.
E si.m fai joven canezir,
tot canut m'aura can que tir,
car bos esfors malastre vens [1] »
285 E vuelh que.us menbre eyssamens
aquesta qu'es entre nos dos ams :
« *Cujatz vos c'aisso sia clams*
ni qu'ieu m'en rancur ? No fas jes !
Tota ma rancur' es [2] *: Merces !*
290 *Si be.s passa.l ditz* [3] *lo gazanh,*
no soy clamans,
mas be volgra que la.s chauzis
que no falhis ;
car tan es cuend'e ben estans !
295 *Que.l major pans*
del pretz caira, si no.l soste vertatz,
e pueys er greu us fis cors ves dos latz [4] »
— Ab aital cor vuelh que siatz
amicx, la donzela.l respons.
300 Et yeu, per lo senhor del mon,
car dolor es d'ome que ama,
ab [5] mi dons, e sitot s'en clama
no m'en cal, vos sera mot bona [6].
Mas de mieg jorn ad ora nona
305 [es], e vos remanretz aisi
e non mudetz c'al bon mati,
ans que.l caut ni.l solelh s'espanda,
non tornes en vostra demanda,
aisi co fis amicx deu far.
310 Car ben leu per vos essajar,
e car no.y venges de sazo,
avetz trobatz aital de no.
E melhurar vos a, so cug.
E dirai vos so que jes tug
315 no.us ne dirian, si.m n'esvelh,

---

1. Guilhem Ademar, *Be for' oimais sazos e locs,* pièce II de l'éd.
K. Almqvist, *Poésies du troubadour Guilhem Adémar,* Uppsala, 1951,
v. 8-14.
2. Ms. « rancura' ays ». Correction d'après le Ms. N.
3. Ms. « dreitz ». Correction d'après le Ms. L.
4. Guiraut de Bornelh, *Can creis la frescha folh' e.l rams,* pièce cit.,
v. 23-33.
5. Ms. « de ». Correction d'après L. et N.
6. Ms. « no von cal qu'ieu von sai bona ». Correction d'après L.

> *si elle ne m'apporte pas secours avant un an,*
> *car on me dit déjà que poussent*
> *de petites mèches blanches, et cela ne me semble pas*
> > *[une plaisanterie.*
> *Et si elle me fait blanchir jeune,*
> *elle m'aura tout chenu même si cela lui déplaît*
> *car un bon effort vainc l'infortune. »*

Je veux que vous vous souveniez également de cette strophe que je mets entre nous deux :

> « *Pensez-vous que je sois en train de me plaindre*
> *et que je récrimine ? Non point !*
> *Toute ma récrimination est : Grâce !*
> *Si cela se passe bien le droit l'acquiert,*
> *je ne me plains pas,*
> *mais je voudrais bien qu'elle s'aperçoive*
> *que je n'ai pas commis de faute ;*
> *elle est si aimable et si parfaite !*
> *Que le plus grand pan*
> *du mérite tombe si la vérité ne le soutient pas,*
> *et puis un cœur sera difficilement fidèle de deux côtés. »*

Ami, je veux que vous ayez un cœur comme cela, répond la demoiselle. Et moi, par le maître du monde, parce que c'est une chose douloureuse qu'un homme amoureux, je serai avec vous très bonne auprès de ma maîtresse et, si elle s'en plaint, peu m'importe. Mais il est entre midi et trois heures ; restez ici et ne manquez pas demain matin, avant que la chaleur et soleil ne montent, de revenir à votre demande comme doit le faire un amant parfait. Car c'est peut-être pour vous éprouver, ou parce que vous ne l'avez pas fait au moment opportun, que vous avez essuyé un tel refus. Elle sera meilleure pour vous, je pense. Je vais vous dire ce que tout le monde ne vous dira pas, si j'y prends garde,

qu'en dis en G[uirautz] de Bornelh
e membre.us afortidamen :
« *Selan e sufren*
vi ja que jauzira
320 *d'un' amor valen*
si leugeyramen
per fol sen savay
no.m fezes esglay
so que m'ajudera,
325 *si fos veziatz,*
mas feychi.m iratz ;
per c'autre senatz,
car fuy trop tardan,
pres e pois enan.
330 *Et pois ? sofert era*
major dan assatz,
can m'en suy lunhatz,
per que.us prec e.us man
que sofratz aman
335 *car sels venseran*
que mielhs sofriran [1]. »
E per c'avetz sufert tan
non o perdatz per sol un ser. »
Aisi.l fe nueg remaner
340 la donzela, que Dieu ampar.
E non oblidet c'al colgar,
cais cossi d'als anes parlan,
c'a sa dona non disses tan
qu'en las novas la fetz venir.
345 E ela qu'en pres son albir,
com sela qu'era trop sabens,
levet la ma, fier l'en las dens
que.l sanc ne fe yssir manes.
« Vay ! dis ela, maldicha res,
350 vil senes sen, estai en pauza,

---

1. *Ja.m vai revenen*, pièce XLIII de l'éd. cit., v. 83-102. La citation omet le vers 100 de l'éd. de référence (« E sui n'esfredatz ! ») et les deux derniers renvoient à la seconde tornade (v. 105-106).

ce qu'en dit le seigneur Guiraut de Bornelh et gardez-en bien présent le souvenir :
« *Dissimulant et souffrant,*
j'ai bien vu que j'aurais joui
d'un amour de valeur,
si avec pusillanimité,
à cause d'un esprit égaré et méchant,
ne m'avait pas épouvanté
ce qui m'aurait aidé
si j'avais été joyeux ;
mais j'ai été triste,
aussi un autre qui est sensé,
comme je tardais trop,
a ensuite pris l'avantage.
Et puis ? J'endure maintenant
une souffrance bien plus grande
en m'en étant éloigné.
C'est pourquoi je vous prie et vous demande,
à vous qui aimez, de supporter,
de souffrir en aimant
car vaincront ceux
qui endureront le mieux. »
Ce pour quoi vous avez enduré si longtemps ne le perdez pas en une seule soirée. »

La demoiselle, que Dieu veuille la protéger, le fit ainsi rester la nuit. Elle ne laissa pas au coucher, en faisant semblant de parler d'autre chose, de tant bavarder avec sa maîtresse qu'elle ne l'amena à cette histoire. Mais la dame qui jugea en elle-même qu'elle était au courant de trop de choses, leva la main et la frappa sur la bouche, au point de la faire saigner sur-le-champ.

« Dehors ! dit-elle, maudite créature, vile, stupide, tiens-toi tranquille !

co m'auzas parlar d'aital cauza
que non la compres ses devet. »
E la donzela s'en calet
e tenc se per envilanida,
355 e dis que mala fon ferida
c'anc sa dona re non auzi.
Aisi remas tro.l bo mati
que tug levan per la maio.
E.l cavayer, can vi sazo
360 c'a sidons [1] degues mai plazer,
josta ley s'anet assezer
e tornet li a son deman.
E no l'en calc anar enan
c'al primier mot auz tal re
365 que per tot cant hom au ni ve
el no parlera may un mot,
may sol aitan e fon fag tot,
com sel c'apenas s'asegura :
« *Cortezia non es als mas mesura*
370 *e vos, Amors, no saupes anc que.s fos.*
Per qu'eu serai tan pus cortes que vos,
c'al major bruy selarai ma rancura [2]. »
« E vos o faitz qu'ieu no.n ai cura
ab sol que dena mi.eus ostes,
375 dis la dona, e qu'en penses
d'autre vostr' afar per jamais. »
Assatz ac cascu en son lais
que comtar marritz et estiers,
la donzela e.l cavaiers,
380 can abdos foron ajustatz.
Car sel que sos cors fon iratz,
car ab sidons no.l val[c] servir
ni lonc atendre ni blandir
ni ac un jorn no.l [3] valc merces
385 li dis : « Amia, mal m'es pres

---

1. Ms. « c'assidons ».
2. Vers anonymes. M. Cornicelius a suggéré que R. Vidal en était peut-être l'auteur.
3. Ms. « no.m ». Correction d'après le Ms. N.

Comment oses-tu me parler sans retenue de cela sans le payer ? »

La demoiselle n'en parla plus et se sentit outragée. Elle dit, sans que sa maîtresse ne l'entendît, que c'était pour son malheur qu'elle l'avait frappée. L'affaire en resta là jusqu'au petit matin, quand tous se lèvent dans la maison. Lorsqu'il vit que c'était un moment susceptible de plaire davantage à sa dame, le chevalier alla s'asseoir à ses côtés et réitéra sa demande. Il n'eut pas envie d'aller plus loin car au premier mot il entendit une telle chose que, pour tout ce qu'on entend et voit, il n'aurait pas dit un mot de plus que cela et il fit tout cela en homme qui ose à peine :

« La courtoisie n'est rien d'autre que la mesure,
et vous Amour vous n'avez jamais su ce que c'était.
Aussi, me montrerai-je tellement plus courtois que
[vous
qu'au plus fort de la querelle je cacherai ma plainte. »

— Faites-le, car mon seul souci est que vous vous ôtiez de ma vue, dit la dame, et que vous pensiez à jamais à quelqu'un d'autre pour votre affaire ».

Lorsque la demoiselle et le chevalier se retrouvèrent tous les deux, tristes dans leur complainte, ils eurent chacun beaucoup à raconter. En effet, celui dont le cœur était chagrin, car auprès de sa dame ne lui valaient ni son service ni sa longue attente ni sa cour et pour qui n'intervenait pas la moindre miséricorde lui dit : « Amie, cela va mal

　　　　e pieitz aten, e pieis mi ven [1],
　　　　car on pus ab mi dons m'aten
　　　　ni mays la prec, ieu may y pert
　　　　e mens y truep de bo sufert,
390　　e avolz ditz e pejorz faitz.
　　　　C'ar sui [2] vengutz als mals retraitz,
　　　　qu'en B[ernartz] de Ventadorn dis,
　　　　que fon tan ves amors aclis
　　　　c'a mans n'a fagz mans desplazer :
395　　*Pus ab mi dons no.m pot* [3] *valer*
　　　　precx ni merce ni.l dreg qu'ieu ai,
　　　　ni a lieys non ven a plazer
　　　　qu'ieu l'am, jamay non lo.y dirai.
　　　　Mort m'a e per mort li respon.
400　　*Aisi.m part de lieys e.m recre,*
　　　　e vauc m'en, pus ilh no.m rete [4],
　　　　faizitz en [5] *issilhs, no say on* [6] »
　　　　— No faretz, ela li respon,
　　　　aisi com pros et ensenhada,
405　　e.l dis : Amicx, mot soy irada
　　　　car aissieus pren de vostr' amor,
　　　　e vos faitz y gran deshonor
　　　　a vos meteys el desconort.
　　　　Amicx ab cor segur e fort [7]
410　　avetz entro aisi estat ;
　　　　et eras, cant avetz pujat
　　　　vostre pretz, lo laissatz chazer :
　　　　c'aissi venretz a nonchaler,
　　　　co hom recrezutz e malvatz,
415　　qu'en Gui d'Uysselh, s'ie.us o pensatz, [...] [8]
　　　　« *Tan cant hom fay so que deu, es hom pros,*
　　　　e tan lials can se garda d'enjan ;
　　　　per vos o dic que ieu lauziey antan,
　　　　mentr' era.l ditz vertadier e.l [faigz] [9] *bos.*
420　　*Jes per aiso non devetz dir qu'ieu men*

---

1. Ms. « e pieitz aten e pieitz aren ».
2. Ms. « son ». Correction d'après le Ms. N.
3. Ms. « vol ». Correction d'après les autres Ms.
4. Le Ms. donne la leçon « mort m'a e per mort mi recre/aisi.m part de lieys e.m rescon ». Correction d'après les autres Ms.
5. Ms. « et ». Correction d'après N.
6. *Can vei la lauzeta mover*, pièce XXXI de l'éd. cit., v. 49-56.
7. Ms. « Amicx segur ab cor e fort » ordre d'après le Ms. N.
8. Lacune d'un vers donné par les autres manuscrits : « o dis aissi con fis e bos ».
9. Ajout d'après le Ms. N.

et j'attends davantage [de malheur] et il en viendra, car plus je me montre soumis envers ma dame et la prie, plus j'y perds et moins je trouve de douce indulgence ; au contraire, ce sont de bas propos et des actes pires encore. J'en suis arrivé à raconter mes maux. Bernard de Ventadour, qui fut si soumis à l'amour qu'il a causé maints déplaisirs à beaucoup, dit :

« Puisqu'auprès de ma dame ne peuvent valoir
ni prières ni pitié ni le droit qui est mien,
puisqu'il ne lui plaît pas
que je l'aime, jamais plus je ne le lui dirai.
Elle m'a tué et c'est mort que je lui réponds.
Aussi je me sépare d'elle et me cache ;
je m'en vais puisqu'elle ne me retient pas,
banni, en exil, je ne sais où. »

— Vous n'en ferez rien », lui répond la demoiselle, en femme noble et bien élevée. Elle ajoute :

« Ami, je suis fort irritée que votre amour prenne ce tour ; vous vous déshonorez grandement en désespérant de votre amour. Vous avez été jusqu'ici un amoureux au cœur ferme et fort ; maintenant, une fois votre mérite haussé, vous le laissez déchoir, ce qui vous mènera à l'indifférence comme un lâche et un méchant ; comme le dit sire Gui d'Ussel [1], pensez-y, en vrai et fin amant :

« Tant qu'un homme accomplit son devoir, il est
 [noble,
et loyal aussi longtemps qu'il se garde de la tromperie ;
je le dis pour vous que j'ai loué naguère
alors que vos paroles étaient véridiques et vos actes
 [bons.
Vous ne devez pas dire pour autant que je mens

---

1. Gui est le plus connu des quatre troubadours d'Ussel (Corrèze), Eble, Pierre et Elias. Sa production (neuf débats poétiques, huit chansons et trois pastourelles) est à situer dans la dernière décennie du XIIe siècle.

sitot no.us tenc aras per tan valen,
car qui laissa so c'a be commenssat
non a bon pretz per [ai]so qu'es passatz [1] »
Aiso fon dig d'ome onrat,
425 can sap far sos faitz avinens.
E aujatz qu'en dis essamens
Raimon Vidal de Bezaudun,
per tolre flac cor et efrun
als amadors vas totas partz :
430 « *Lus e dimartz, mati e sers*
e tot l'an, tanh qui es pros ni gens,
que sapcha far faitz avinens
e dir paraudas benestans.
E ja.l demans
435 *per fals' amor als fis non pes,*
sitot perdo mans bos jornals.
Mais totz aitals
am cascus francx e fis e ben apres.
E non li.n falh pretz o amicx o gratz
440 *o tal dona don sera ben pagatz* [2] »
E vos non es apparelhatz
de far un jorn malvat captenh.
S'aisi perdetz don' avinen
vos remanra pretz e valor.
445 E sapchatz c'a bon chauzidor
no falh dona vas cal que part.
E vos devetz aver esgart
contra sels que van devinan
ni lonc atendre van blasman,
450 qu'en Miravalh o dis ses gab :
« *Sel que joy tanh ni chantar sap*
ni sos bels ditz vol desprendre
a tal dona.ls fass' entendre
c'onrat li sia.l dans e.l pros ;
455 *c'assatz deu valer cortes nos*

---

1. Gui d'Ussel, *Si be.m partetz, mala dompna, de vos,* pièce II de l'éd. J. Audiau, *Les Poésies des quatre troubadours d'Ussel,* Paris, 1922, v. 33-40.
2. Ces vers de Raimon Vidal de Besalú ne sont connus que par la nouvelle qui les cite. Ont-ils été composés pour la circonstance ?

> *si je ne vous tiens plus maintenant pour aussi*
> *[plein de mérite,*
> *car qui abandonne ce qu'il a bien commencé*
> *n'a pas un grand mérite pour ce qui est passé. »*

On a dit cela d'un homme honoré, à l'époque où il savait accomplir des actes convenables. Ecoutez ce qu'en dit également Raimon Vidal de Besalú pour ôter cœur mou et avide aux amoureux de toutes contrées :

> « *Lundi et mardi, matin et soir*
> *et toute l'année, qui est courageux et noble*
> *doit savoir accomplir des actions agréables*
> *et prononcer des paroles bienséantes.*
> *Que jamais la plainte*
> *qu'on émet à cause d'un amour trompeur ne pèse aux*
> *[parfaits amants*
> *même s'ils perdent de nombreuses belles journées.*
> *Mais que toute personne de ce genre*
> *aime en étant franche, pure et bien élevée.*
> *Et il ne lui manque ni la valeur, ni l'ami ni la*
> *[reconnaissance*
> *ni telle dame dont il sera bien récompensé. »*

Vous n'êtes pas prêt à vous mal conduire jamais. Si vous perdez ainsi une dame gracieuse, il vous restera le mérite et la valeur. Sachez que celui qui possède un bon jugement ne manque jamais de dame en quelque endroit que ce soit. Il vous faut être sur vos gardes contre les curieux indiscrets qui blâment une longue attente ; le sire de Miraval le dit sans plaisanter :

> « *Celui à qui convient la joie, qui sait chanter*
> *et veut prodiguer ses belles paroles,*
> *qu'il les fasse entendre à une dame telle*
> *que le dommage comme le profit lui apporte*
> *[honneur ;*
> *car un refus courtois doit bien valoir*

desavinen drudaria,
e s'ieu domney ab fadia,
sivals [ades enquier] [1] *en loc gentil* [2]. »
Ges hom non pot portar a fil
460 ni a bon talh totas amors
ni, si per locx a trichadors,
non devon esser tug blasmat.
Amat avetz en loc onrat
e val ne mais vostra valor ;
465 e si avetz perdut alhor
vos podetz ben leu recobrar,
ab sol que sapchatz demandar
autra dona, mas aisi.eus falh. »
Aisi pensa e.l met trebalh
470 e fa co.l puesca retener
a si [3] servir, si.l pot aver
e car de cosselh l'amparet.
Anc no saup mot, tro que.l membret
que dis en P[eire] Bremon l'autrier :
475 « *Mal fa dona can non enquer*
paubre cavayer, can es pros,
cant lo ve franc et amoros,
bon d'armas ni ser voluntier [4] »
Aiso.l met cor e pus sobrier
480 lo.y met B[ernartz] de Ventadorn,
que, per tolre pensamen morn
als flacx arditz, dis veramen :
« *Be s'eschay a don' ardimen*
entr'avols gens e mals vezis ;
485 *car si ricx cors non l'afortis,*
greu pot esser pros ni valens [5] »
C'aisi lo destrenh pensamens,
e.l fa sentir qu'ela.l volria
a son servir, s'a luy plazia,
490 ab lial cor, fi, e pauc moys [6].

---

1. Ms. « sivals en loc gentil ». Vers amputé. Correction d'après le Ms. N, conforme à la tradition manuscrite de la pièce de Raimon de Miraval.
2. *Selh, cui joys tanh ni chantar sap,* pièce XXVIII de l'éd. cit., v. 1-7.
3. Ms. « assi ».
4. Les vers cités n'appartiennent à aucune des pièces connues de Peire Bremon lo Tort et de Peire Bremon Ricas Novas.
5. *Ab joi mou lo vers e.l comens,* pièce I de l'éd. cit., v. 33-36.
6. Ms. « pauc e moys ».

un amour charnel grossier,
et si je courtise sans espoir,
je fais au moins ma cour en noble lieu. »

Il est impossible de porter avec rectitude et de bonne façon toutes les amours et, s'il y a parfois des tricheurs, tous ne doivent pas être blâmés. Vous avez aimé en un lieu plein d'honneur, votre mérite en est accru. Et si vous avez perdu ailleurs, vous pouvez peut-être vous refaire, pour peu que vous sachiez requérir une autre dame, puisqu'ici on vous fait défaut. »

C'est ainsi qu'elle met son soin et sa peine et fait en sorte de pouvoir le retenir à son service, si elle peut l'avoir et parce qu'elle lui a donné des conseils. Il ne comprit rien, jusqu'à ce qu'il se souvînt de ce qu'a dit Pierre Bremon [1] naguère :

« *Une dame agit mal en ne requérant pas*
un pauvre chevalier lorsqu'il a du mérite,
lorsqu'elle le voit noble et digne d'amour,
bon aux armes et disposé à servir. »

Cela lui donne du courage, et bien davantage encore ; Bernard de Ventadour qui, pour ôter la tristesse des pensées des faibles téméraires, déclare véritablement :

« *La hardiesse convient bien à une dame*
parmi des gens vils et de méchants voisins ;
car si un cœur hardi ne la soutient,
elle aura difficilement du mérite et difficulté à passer
        [pour valeureuse. »

C'est ainsi que la réflexion le trouble et lui fait sentir qu'elle le voudrait à son service, s'il lui plaisait, avec un cœur loyal, sincère et sans tromperie.

---

1. Pierre Bremon dit « le Tordu » (« lo Tort ») était, selon son biographe médiéval, un pauvre chevalier natif du Viennois. Seules deux de ses chansons, probablement composées vers 1175-1180, ont été conservées. Les vers cités n'appartiennent pas aux pièces connues de ce troubadour avec lequel on confond parfois Pierre Bremon Ricas Novas, un jongleur provençal qui a fréquenté la cour de Raimon Bérenger IV de Provence et a laissé une vingtaine de pièces composées entre 1230 et 1241.

E.l cavayer, cant o conoys,
ves lieys s'es tratz humelian
e a li dig que merceyan
sera sieus aitan can vieura,
495 e que ja no l'oblidara
la sazo en qu'ela.l rete.
Aissi fon fag en bona fe
l'amor et l'amistat d'amdos :
qu'el li servis e qu'ela.l fos
500 lials dona per tostemps mays
e que.l vengues de liey un bays
dins un an que marit agues.
E l'un de l'autre duysses
en est mieg manjas et anels.
505 Va s'en lo cavayer irnels
e per amor alegr' e bautz.
E s'anc fes guerras ni assautz
ni per amor donet ni mes,
ar o fetz may, e per un tres
510 det e servi may d'anc no fes.
E membra.m be que sela vetz
la donzela ses tot enjan
ac lo marit dins cap d'un an,
un dels autz baros del païs.
515 Mai si anc bona dona vis
ni ab bos faitz, aco fon sela,
que may valc dona que donzela,
e fon la mellor del pais.
A conoguda dels vezis
520 venc que.l cavayer la servi
e la dona que l'obezi,
aisi com abduy sero [1] empres.
Mot lo tenon tug per cortes
lur fag donas e cavaier,

1. Ms. « san ».

Lorsque le chevalier l'a compris, il s'est avancé vers elle en toute humilité et lui a déclaré, en l'implorant, qu'il sera sien aussi longtemps qu'il vivra et qu'il n'oubliera jamais le moment où elle le retint à son service.

L'amour et l'amitié de ces deux-là furent ainsi décidés : il la servirait et elle serait pour lui une dame loyale à tout jamais ; il recevrait d'elle un baiser dans un an quand elle serait mariée. Dans l'intervalle, ils porteraient des manches et des anneaux l'un de l'autre.

Le chevalier s'en va promptement, rendu joyeux et plein d'entrain par l'amour. Si jamais l'amour le fit guerroyer et combattre, se montrer libéral et dépenser, il le fait maintenant davantage ; il donna et servit trois fois plus qu'il ne l'avait jamais fait.

Je me souviens parfaitement que la demoiselle dépourvue de tromperie se maria au bout d'une année, avec un des hauts barons de la contrée. Si jamais vous avez vu une dame de qualité, aux actes remarquables, ce fut celle-ci, car elle eut encore plus de valeur comme dame que comme demoiselle ; c'était la meilleure de la contrée. Les voisins apprirent que le chevalier la servait et que la dame lui obéissait, conformément à leur accord. Dames et chevaliers, tous jugent leurs actes courtois

525 e dizon que anc tan entier
no.n[1] viron ni tan benanan.
E qui no sap va devinan [2]
que bes fazian abeduy.
E la dona, que per enuy
530 ac cavayer de se lunhat,
al pretz qu'en au, a.l cor tornat
e mandet lo venir ab sey,
a trobar dona d'autra ley
que non trobet a l'autra vetz.
535 E.l cavayer, que no fon quetz
may per amor gen ensenhatz,
a un jorn es vas lieys anatz
vezer, mas trop no s'en cochet.
E ela que l'acompanet
540 aisi co saup e so fon gen.
E blasma.l car tan lonjamen
a estat de lieys a vezer.
E el li dis que, per plazer
que.l cuj' aver fag, n'a estat
545 car anc dona tan greu comjat
a son amic mais non donet,
car tan lag l'acomjadet
vas qu'el era fis e bos.
« Non auzis Girardo le Ros [3]
550 dis ela, ni faretz so.m par,
al comjat que.l det s'amia :
»*Vostre soy ieu, si ja no vos* [4] *plazia,*
e vostre soy, c'amors m'a ensenhat
que non creza brau respos ni comjat,
555 *car, si.ls crezes, mortz fora recrezens* [5] ».
Aisi pren joys amics sufrens
e fis, can de nien no.s planh.
E vos, a for d'un hom estranh,
avetz vos tengut a folia
560 so qu'ieu vos dis per leujaria

---

1. Ms. « no.l ».
2. Ms. « e qui no sap va devinan/no.l viron ni tan benanan ». Inversion des vers d'après les autres manuscrits.
3. Ms. « d'en Girardo le Ros », mais vers trop long d'une syllabe.
4. Ms. « no.us », mais vers trop court d'une syllabe.
5. *Arai sabrai s'a ges de cortezia* éd. A.M. Finoli, Le poesie di Guiraudo lo Ros, *Studi Medievali*, XV, 1974, p. 1-57.

et disent que jamais ils n'en ont vu d'aussi parfaits ni d'aussi bienséants. Qui ignore qu'ils faisaient ensemble le bien le devine.

La dame, qui par pur mécontentement avait éloigné d'elle le chevalier, changea de sentiments en entendant parler de son mérite et lui fit dire de venir auprès d'elle pour rencontrer une dame d'un autre genre que celle de la fois précédente. Le chevalier, qui n'est pas timoré mais bien éduqué par l'amour, s'est rendu un jour auprès d'elle pour la voir, mais sans se presser. Celle-ci l'accueillit courtoisement comme elle savait le faire. Elle lui reprocha d'être resté si longtemps sans lui rendre visite. Il lui rétorqua qu'il s'en était abstenu dans l'intention de lui faire plaisir, car jamais dame n'avait donné un tel congé à son ami, tant elle l'avait fait brutalement, elle envers qui il avait été parfait et sincère.

« N'avez-vous pas entendu (et vous ne l'entendrez pas, à ce qu'il me semble) le seigneur Girardon le Roux [1], lorsque son amie lui donna congé :

« *Je vous appartiens, même si cela ne vous plaisait [pas,*
je vous appartiens car l'amour m'a enseigné
à ne pas croire refus brutaux et congé,
car si j'y croyais je mourrais de lâcheté. »

C'est ainsi qu'un amant patient et sincère recueille ainsi de la joie quand il ne se plaint de rien. Vous, à la manière d'un homme bizarre, vous avez pris pour une injure ce que je vous ait dit par frivolité,

---

[1]. Sept chansons et un débat poétique de ce troubadour, qui a composé dans la dernière décennie du XIIe siècle, ont été conservés. Girardon le Roux est probablement un pseudonyme de jongleur.

non per tal que no.us aculhis,
mas per proar si m'eratz fis,
lials amicx ses tot enjan.
Qu'en Miraval ne dis antan
565 aiso, e degra.us be membrar,
aiselas que volon proar,
 — el li respon — los trichadors :
« *Un plag fan donas qu'es folors ;*
can trobon amic que.s mercey,
570 *per assay li movon esfrey*
e.l destrenhon tro.s vir' alhors ;
pueys can s'an lonhat los melhors,
fals entendedor menut
son cabalmen receubut,
575 *per que.s*[1] *cala cortes chans*
e.n sors crims e fols mazans [2] »
E ieu avia.us ben set ans
estat lials e vertadiers ;
e s'ieu fos fals e messongiers,
580 be m'en pogratz aver proat,
e ja.l fals cors desesperat
no.m degratz enquer aver dit.
Ans m'en degratz aver mentit,
per so qu'ieu vos estes pus plas.
585 Aujatz com dis us castelas,
mas no sabria so nom dir :
« *Tal dona no quero servir*
per me no si denhe prejar,
de cavayer degra pensar
590 *pero se pogues empeguir.*
Ja non quero lo sieu prendir,
un poco deuria mentir
per son bon vassalh melhurar [3] »
E no.m degratz tan esquivar
595 ni esser tan brau al deman,

---

1. Ms. « que ». Correction d'après le Ms. N, conforme à la tradition manuscrite de la pièce de Raimon de Miraval.
2. Raimon de Miraval, *Aissi cum es genser pascors,* pièce XXXV de l'éd. cit., v. 28-36.
3. Vers anonymes.

non pour refuser de vous accueillir, mais pour éprouver si vous m'étiez fidèle et loyal ami sans la moindre tromperie.

— Le seigneur de Miraval, lui répond-il, a dit autrefois, et vous devriez bien vous en souvenir, de celles qui veulent mettre à l'épreuve les trompeurs :

« Il y a une façon d'agir chez les dames qui est folie :
quand elles trouvent un amant qui crie merci,
pour l'éprouver elles lui inspirent la crainte
et le tourmentent jusqu'à ce qu'il se tourne vers
             [une autre
et une fois qu'elles ont éloigné les meilleurs,
les faux et chétifs amoureux
sont accueillis splendidement ;
aussi se tait le chant courtois
et naissent en revanche
les accusations et le vacarme fou. »

Cela faisait bien sept ans que j'avais été loyal et sincère envers vous. Si j'avais été trompeur et menteur, vous auriez pu me mettre à l'épreuve et cependant ce n'était pas encore une raison pour me dire le cœur faux et sans espoir, ajouta-t-il. Au contraire, vous auriez dû me mentir afin que je me comportasse mieux avec vous. Ecoutez ce que dit un châtelain (mais je ne saurais dire son nom) :

« Je ne veux pas servir une dame
qui ne consente pas à prier en ma faveur ;
elle devrait se demander comment
être embarrassée pour un chevalier.
Je ne veux pas prendre de son bien.
Elle devrait un peu mentir
pour améliorer son fidèle chevalier. »

Vous n'auriez pas dû être aussi peu accueillante ni vous montrer si brutale au moment de ma requête,

> mais prometen e alongan
> e covenir so que no fos.
> E valgra may aital respos
> a far, segon lo mieu semblan,
> 600 qu'en Miraval o dis antan
> als malvatz ditz e embroncx :
> « *Venjansa de colp ni d'estoncx*
> *no.s tanh d'Amor ni de solas,*
> *c'ab bels ditz covinens e plas* [1]
> 605 *tanh que pros donas.s defenda ;*
> *car si trop ten sos braus ditz durs,*
> *non es tan son pretz car ni purs*
> *que alcus non la reprenda* [2]. »
> E yeu qu'en fera long' atenda
> 610 mot voluntiers, si mestiers fos.
> Mas per vos, qui.m fezes doptos
> e m'aves tan lag esquivat,
> ai en tal dona.l cor pauzat
> don jamay no.l partrai per ren,
> 615 car ab lieys vau et ab lieys ven
> et ab lieys soy per tostemps mays.
> E vos faretz un autre lays
> ves tal que tan be no.us conosca.
> — Ar conosc yeu c'amors es losca,
> 620 dis la don', e mal' e falsa
> que vos m'aiatz fach' aytal salsa,
> qu'ie.us ai fag ric e benanan,
> car no.us mostriey leugier [*talan*] [3]
> al primier deman que fezes.
> 625 Anc non auzis ni apreses
> so que dis us Franses d'amor ?
> « *Cosselletz mi, senhor,*
> *d'un joc partit d'amor*
> *ab cal je me tendrai.*
> 630 *Sovant sospir e plor*
> *per seluy cuy azor*

---

1. Ms. « C'ab bels ditz covinens e gays plas ».
2. *Contr' amor vau durs et embroncs*, pièce XXXVI de l'éd. cit., v. 36-42.
3. Leçon du Ms. N.

mais promettre, faire durer et convenir de ce qui n'était pas. A mon avis, il aurait mieux valu me donner ce genre de réponse ; le seigneur Miraval a tenu autrefois le même discours sur les propos désagréables et moroses :

« La vengeance qui recourt aux coups et aux bâtons
n'a rien à voir avec Amour ni bonne compagnie,
car c'est avec de belles paroles gracieuses et tranquilles
qu'il convient à une dame de valeur de se défendre
car, si ses mots sont trop âpres et durs
son mérite ne sera plus si élevé ni si parfait
qu'on ne vienne pas à la blâmer. »

Moi, j'aurais volontiers accepté une longue attente, s'il l'avait fallu. Mais à cause de vous, qui m'avez plongé dans l'effroi et m'avez si vilainement congédié, j'ai mis mon cœur en dépôt auprès d'une dame dont jamais rien ne m'éloignera ; avec elle je vais, avec elle je viens ; avec elle je suis pour toujours. Quant à vous, vous composerez une autre chanson avec quelqu'un qui ne vous connaisse pas bien.

— Je vois maintenant, répond la dame, que l'amour est borgne, mauvais et faux, pour que vous m'ayez fait pareille salade, alors que je vous ai rendu puissant et heureux pour ne pas m'être montrée légère dès la première requête que vous avez formulée. N'avez-vous jamais entendu ni appris ce que dit de l'amour un Français ?

« Donnez-moi un conseil, seigneur,
à propos d'un jeu-parti sur l'amour,
et je le suivrai :
souvent, je soupire et pleure
à cause de celle que j'adore

e greu martire tray.
Mas un' autra.n prejai [1]
no sait s'i fi folor,
635 *que me donet s'amor*
ses pene, ses esglay.
Lauzengier trichador
volrian que com lor
fos fals, mas no serai,
640 *c'ab seluy me tenray*
que.m fe chauzir amor.
Penrai a gran honor
son fin joy, can l'aurai [2]. »
Aquest avia cor verai,
645 dis la dona, que non pas vos,
ans l'avetz tan fals e doptos
c'ades prendetz ades laissatz.
Mas si fossetz tan enseinhatz
ni tan cortes ni tan vassalhs,
650 aisi com dis en Miravalhs
degratz entendre joy [3] valen :
« *Greu pot aver jauzimen*
en dreg d'amor drut biays
qu'ier se det et huey s'estrays ;
655 *mas qui ben ser et aten,*
e sap selar la folia,
sos pros enans' e.ls embria,
ab [4] *que.ls tortz sidons aplanh,*
aquel es d'amor companh [5] »
660 E.l cavayer, que no.s complanh
ni.s [6] partira de bon' amor,
a.l dig : « Per fort bon trobador
avetz trobat reyre cosselh,
c'anc mentre.us fuy en apparelh
665 aital, vos no.m volgues amar.
Per qu'ieu ab vos no vuelh tornar,

---

1. Ms. « prejarai ». Correction d'après le Ms. L.
2. Vers anonymes.
3. Ms. « degratz entendre.n luy valen ». Correction d'après L.
4. Ms. « ans ». Correction d'après le Ms. p.
5. *Tal vai mos chan enqueren*, pièce XXIII de l'éd. cit., v. 33-40.
6. Ms. « ni nos ».

> *et à cause de qui j'endure une grande souffrance.*
> *Alors, j'ai adressé mes prières à une autre,*
> *je ne sais si je commis là une folie,*
> *car celle-ci m'a accordé son amour,*
> *sans me causer de peines ni de craintes.*
> *Les vils flatteurs pleins de traîtrise*
> *voudraient que, comme eux,*
> *je sois faux, mais je ne le serai pas.*
> *Je vais rester avec celle*
> *qui m'a fait découvrir l'amour.*
> *Je recevrai avec un grand honneur*
> *sa joie épurée lorsque je l'obtiendrai. »*

Celui-ci avait le cœur sincère, ajoute la dame, mais pas vous ; le vôtre est au contraire menteur et craintif, car tantôt vous prenez tantôt vous laissez. Si vous étiez aussi cultivé, aussi courtois et aussi chevaleresque, vous devriez attendre une joie de valeur, comme le dit sire Miraval :

> « *Il est bien difficile qu'obtienne une jouissance*
> *selon le droit d'amour l'amant inconstant*
> *qui hier s'est donné et aujourd'hui s'ôte ;*
> *mais celui qui sert bien et attend avec patience,*
> *en sachant dissimuler sa folie amoureuse,*
> *il fait avancer et progresser ses affaires*
> *pourvu qu'il adoucisse les torts que lui fait sa dame,*
> *celui-là est le compagnon de l'amour. »*

Le chevalier, qui n'avait pas à se plaindre ni à s'éloigner de bon amour, lui répond :

« Grâce à un fort bon troubadour, vous avez trouvé un excellent conseil, car jamais tandis que j'étais dans la même disposition vous n'avez voulu m'aimer. C'est pourquoi je ne veux pas retourner auprès de vous

ans faray so que.l meteys dis
en Miravalhs que tan fon fis
e francx e de bon chauzimen :
670 « *Pus midons m'a en coven*
c'autr' amic non am ni bay[s],
ja Dieu no.m sia verays,
si ja per nulh' autra.l men ;
c'ab lieys ai tot cant volia
675 *d'amor ni de drudaria,*
que menor joy ni pus manh
no vuelh s'ap lieys mi remanh [1] »
E vos remanretz ins e.l fanh
ses mi, que ja no.us en trairay. »
680 Ab tan pren comjat e s'en vay
a sidons servir lialmen
que l'a gitat de mal turmen,
com de fals' amor per tostemps.
E la dona, ab cuy ensemps
685 son remas enuetz e pezar,
vas seleys que l'a fag camjar,
segon son sen, son cavayer
a trames un tal messatgier
que la fes mantenen venir.
690 E s'anc solas pogues auzir
ni vezer bo ni amoros,
entr' elas fo. Sela sazos
venc que la dona.l dis : « Amiga,
al cor me floris un' espiga
695 e.m nais us joys de vostra vista ;
e s'anc fuy pessiva ni trista
ni vas res morna ni irada,
aras soy alegr'e paguada,
per so car vos vey bel'e genta,
700 e car al cor non par que menta
ni falha pretz, segon c'aug dir.

---

1. *Ibid.*, v. 25-32.

et j'agirai conformément à ce que dit le même sire de Miraval, qui fut si parfait, si noble et si plein de discernement :

> *« Puisque ma dame me promet*
> *de n'aimer ni d'embrasser d'autre ami,*
> *que Dieu ne soit pas sincère avec moi,*
> *si jamais je lui mens à cause d'une autre ;*
> *car auprès d'elle j'ai tout ce que je désirais*
> *d'amour et de plaisir,*
> *et de joie je ne veux pas de mesure plus petite ni plus*
> *[grande,*
> *pourvu que je puisse rester auprès d'elle. »*

Vous resterez sans moi dans le pétrin, car je ne vous en tirerai pas. »

Il prend alors congé et s'en retourne servir loyalement sa dame qui l'a sorti pour toujours d'un cruel tourment et d'un faux amour.

La dame, avec qui sont restés de compagnie chagrins et regrets, a expédié un messager pour faire venir sur-le-champ celle qui, dans son esprit, a causé le changement de son chevalier à son égard. Si jamais vous avez pu voir et entendre une agréable et aimable conversation, ce fut entre ces deux-là. Il arriva un moment où la dame déclara :

« Amie, dans mon cœur, un épi fleurit et naît une joie en vous voyant. Si jamais je fus soucieuse et triste, morne ou irritée contre quelqu'un, je me sens maintenant joyeuse et satisfaite en vous voyant belle et gracieuse, car il ne paraît pas que le mérite vous mente et vous manque au cœur, selon ce que j'ai entendu dire.

E pretz m'en may, car anc noirir
saubi aital dona co vos ;
mas fag m'avetz un enujos
705 e sobrier mal, segon qu'enten,
may yeu say en vos tan de sen
e de saber c'anc no.y falhis.
Aiso que pus m'enfoletis
ni.m fa esperdre ni camjar,
710 es car yeu sol no.m puesc pensar
a ma perda restauramen.
Vos sabetz be, segon qu'enten
ni aug ni veg, qu'el mon non a
ad obs de don' a far certa
715 ni bon son pretz tan ric cabal
com cavayer pros e lial
ad entendedor e cortes.
Per so car jes[1] dona non es
ses entendedor tan plazens,
720 ni tan cuenda ni tan sofrens,
ni se pot tan gen enantir.
Bos entendeires fa auzir[2]
als autres de dona son pretz ;
e pren l'en aisi, so sabetz,
725 can pros cavaiers la chauzis,
com en Miravalh lo fis dis
a far conoisser sa valor
« *Mas mi ten hom per tan bo chauzidor*
que so qu'ieu vuelh ten cascus per milhor[3] »
730 Ades esgardon li[4] milhor
e silh qu'en pretz volo pujar,
per on s'en vay sel que sap far
so que s'atanh a pretz valen.
E.l malvat gardon eyssamen
735 on son aculhit lur parelh ;
per qu'ilh e lur malvat cocelh

---

1. Ms. « c'ades ».
2. Ms. « jauzir ». Correction d'après Ms. L.
3. *Ben aia.l messagiers*, pièce XXXIII de l'éd. cit., v. 31-32.
4. Ms. « la ». Correction d'après M. Cornicelius.

Et j'en ai davantage d'estime pour moi-même d'avoir su un jour éduquer une femme telle que vous. Mais vous m'avez causé un mal grave et considérable, à ce que j'entends dire, mais je vous connais tant d'intelligence et de sagesse que ce n'est pas de votre faute. Ce qui m'affole le plus, me trouble et m'exaspère, c'est bien que je ne suis même pas capable de trouver comment réparer ma perte. Vous savez parfaitement, conformément à ce que je comprends, entends et vois, que, pour une dame, il n'existe pas au monde pour assurer et améliorer son mérite de bien aussi riche qu'avoir pour prétendant un chevalier noble, courtois et loyal. En effet, sans prétendant, une dame n'est pas aussi aimable, ni aussi gracieuse ni aussi indulgente ni aussi capable d'augmenter sa gloire. Avoir un bon prétendant fait comprendre aux autres le mérite d'une dame ; et il en va de même, sachez-le, quand un noble chevalier la distingue, comme le dit le parfait sire Miraval pour faire connaître sa valeur :

« *Mais on me regarde comme un si fin connaisseur*
que ce que je désire, chacun le tient pour meilleur. »

Sans cesse, les meilleurs et ceux qui veulent monter en valeur regardent le chemin qu'emprunte celui qui sait accomplir ce qui relève d'un mérite de qualité. Et les mauvais aussi regardent où sont accueillis leurs semblables ; si bien que ceux-ci, leurs méchants conseils

e donas ses sen que.ls acuelhon
an mort domney. Per que s'i cuelhon
man blasmen, manta grieu colada.
740 E amor n'es a tort blamada
que no.y a poder ni.n pot als,
si comz dis en Raimon Vidals
bos trobaire [1] mot avinens ;
« *Amors non es vils ni desconoissens*
745 *ni val ni notz, ni es mala ni pros,*
amadors sec, e s'il son cabalos,
es lur aitals e camjas als avars.
Non es a dir ni deu venir cujars
qu'entre.ls nessis trop hom amor valen ;
750 *que sel qu'es pecx, si vil lo [c]* [2] *a triat,*
a si meteys n'er dans e blasmamens [3] »
Dels [4] amadors fis entendens
e ses enjans ve [5] fin' amors,
e dels autres mou la folors
755 a far malvat captenh e croy.
Per qu'ieu, car volgui aver joy
e pretz de segl' aisi co.s tanh
a [6] dona cuy joy no sofranh
ni valor non li es londana,
760 amiey e chauzi ses ufana
un cavayer a mi servir.
Vos sabetz de cal o vuelh dir,
sitot eras no.us dic so nom.
E non avia cor de plom,
765 sec ni malvat, mas fi e bo.
C'anc cavayers mielhs de sazo
no fon a sidons ben amar.
e yeu volia mi salvar,
ainsi com dis en Raïmbautz
770 de Vaqueras, que tan fon bautz
a far sidons cuend' e de grat :

---

1. Ms. « vos trobares ». Correction d'après le Ms. L.
2. Ms. « lo ».
3. Strophe de Raimon Vidal de Besalú connue par la nouvelle.
4. Ms. « els ». Correction d'après le Ms. p.
5. Ms. « vas ». Correction d'après le Ms. p.
6. Ms. « e ». Correction d'après le Ms. L.

et les dames dépourvues de sagesse qui les accueillent ont causé la mort du courtisement. Aussi recueillent-ils maints blâmes et de nombreux coups douloureux. L'amour est à tort blâmé car il n'y peut rien et n'en peut mais, comme le dit sire Raimon Vidal, un bon troubadour très avenant :
   « *Amour n'est ni vil ni ingrat,*
   il n'est ni utile ni nuisible, ni mauvais ni bon,
   il suit les amants, s'ils sont parfaits,
   il leur ressemble et il paie de leur monnaie les avares.
   Il ne faut pas dire ni laisser venir l'opinion
   que parmi les sots on trouve un amour de qualité ;
   celui qui est stupide, s'il a choisi un lieu vil,
   le dommage et le blâme en seront pour lui-même. »

Des amants qui s'y connaissent parfaitement et qui sont dépourvus de tromperie naît parfait amour, et des autres naît l'égarement conduisant à des comportements mauvais et vils. Aussi, moi, comme j'ai voulu obtenir la joie et le mérite mondain, ainsi qu'il convient à une dame à qui joie ne manque pas et de qui valeur ne tient pas à distance, j'ai aimé et distingué sans vanité un chevalier pour me servir. Vous savez duquel je veux parler, même si je ne le nomme pas maintenant. Je n'avais pas un cœur de plomb, ni sec ni mauvais, mais au contraire pur et généreux. Jamais chevalier ne fut mieux disposé pour mieux aimer sa dame au moment opportun. Et moi, je voulais être sauve, comme le dit Raimbaut de Vaqueiras [1], qui mit tant d'énergie à rendre sa dame aimable et agréable :

---

1. Troubadour provençal, originaire de Vaqueiras (Vaucluse). De petite noblesse, selon son biographe médiéval, il est sans doute né entre 1155 et 1160 et mort à Salonique en 1207 avec son protecteur italien Boniface II de Montferrat. Il a laissé trente-trois pièces dont un « descort » en cinq langues qui constitue une curiosité linguistique. On connaît aussi de lui une « lettre épique » dédiée à son protecteur.

> « *E mostr'als pros so sen e sa beutat,*
> *salvan s'onor, e reten de totz grat* [1] »

Aisi l'avia ieu salvat
775 per me salvar mais de set ans,
e car far deu dona prezans
so per que.s fassa enveyar,
non per soven son cor a dar
ni per sofrir malvatz demans,
780 mas per bos faitz e bos semblans
e per son cors gent a tener.
E non deu esperans' aver
mas en sol un que sia pros,
aisi com dis lo cabalos
785 en Miraval c'anc no fo fals :
« *Vers es que jes trobars dessals*
non es proeza senes als
ni sols un mestier valor [2]. »

Mas tan n'i a que an lauzor
790 de beutatz que non lur platz bes
ni volrian may c'om disses
aitals aman e son amadas ;
e fenhon se enamoradas,
neys cant als non aman de vis.
795 E non esgardan so que dis
sel de Vaqueyras ses temer :
« *Leu pot hom gaug e pretz aver*
ses amor, qui be.y vol ponhar,
ab que.s garde de tot malestar
800 *e fassa de be son poder* [3]. »

Ieu non dic jes c'a mielhs parer
no vengua pretz, sabers, beutatz,
e c'amor non aport mielh gratz
de lunh' autra cauza del mon,
805 mas son cors gasta e cofon
e son sen met en nonchaler

---

1. *Eissamen ai gerreiat ab amor,* pièce XII de l'éd. J. Linskill, *The Poems of the Troubadour Raimbaut de Vaqueiras,* La Haye, 1964, v. 23-24.
2. Ces vers n'appartiennent à aucune pièce connue de Raimon de Miraval.
3. *Leu pot hom gauch e pretz aver,* pièce VII de l'éd. cit., v.1-4.

« *Elle montre aux hommes de qualité son intelligence*
[et sa beauté,
tout en sauvant son honneur et elle reçoit
[l'approbation de tous. »
Je l'ai ainsi sauvé en me refusant plus de sept ans ; en effet, une dame de haut mérite doit faire en sorte qu'elle soit désirée et cela ne se fait pas en donnant souvent son cœur ou en souffrant de méchantes demandes, mais par de belles actions, par des mines agréables et en restant élégante. Et elle ne doit placer son espoir qu'en un seul homme qui se montre noble, comme le dit le parfait sire Miraval qui ne fut jamais déloyal :

« *Il est vrai que composer à la hâte*
n'est pas suffisant en soi pour être une prouesse
et une seule chose ne suffit pas pour la valeur. »

Mais il en existe tant qui sont célèbres pour leur beauté et à qui le bien ne plaît pas et qui ne voudraient pas qu'on dise jamais qu'elles aiment et sont aimées ; elles feignent d'être amoureuses même quand elles n'aiment rien d'autre que le visage. Elles ne prennent pas garde à ce que dit sans crainte celui de Vaqueiras :

« *Peut facilement obtenir joie et mérite*
sans amour celui qui veut bien s'en donner la peine,
pourvu qu'il se garde de toute inconvenance
et fasse le bien de tout son possible. »

Je ne dis pas du tout que mérite, sagesse et beauté ne permettent pas de faire plus d'impression et que l'amour n'attire la reconnaissance plus qu'autre chose au monde, mais elle gâte, détruit son corps et ne fait pas cas de sa sagesse

dona que cuja pretz aver
aman, ses autre bo secors.
Amar, non prezas fay amors
810 segon captenh e gen parlar.
E dona c'aiso tot sap far,
esperar deu entendedors,
per que.s tenh [1] de mantas colors
so[s] sabers, e ses tot fadenc,
815 aisi com dis en Uc Brunenc
a far sidons de bel estatje :
« *C'als fols fay cujar lo folatje*
et als nessis nessies
et als entendens apres
820 *fenh ab bels ditz son pessatje* [2] » [3].
E vos, per so car bel intratje
volgues aver e pretz aman,
avetz fag al premier deman
a vos venir mon cavayer
825 ses tot esgart, e ja no.y [4] er
ses dan de totz tres remazut :
vos, per so car yeu l'ay perdut
a tort e per vostre cosselh,
es n'en blasme, tro al cabelh
830 revelatz enves trastotz latz.
E car anc may aitals peccatz
donzela ses marit no fetz,
sel que sol esser fis e netz
ad obs d'amar ses cor leugier,
835 aves fag fals e messongier
e camjador a totas mas.
E yeu, que anc nulhs pensatz vas
ni vil no.m fo cargatz ni mes,
remanc ses joy, e car non es
840 mos dretz saubutz, a tort blasmada.
Aital salsa, aital pebrada

---

1. Ms. « tanh ». Correction d'après M. Cornicelius.
2. Ms. « passatje ». Correction d'après M. Cornicelius.
3. Uc Brunet, *Ara.m nafron li sospir*, éd. K. Appel, *Der Trobador Uc Brunec oder Brunenc*, Abhandlungen... A. Tobler dargebracht, Halle, 1895, p. 45-78.
4. Ms. « non y er ».

la dame qui pense obtenir du mérite en aimant, sans aide d'autre qualité. Aimer, l'amour conforme à la morale et au discours courtois n'amasse pas de butin. La dame qui sait accomplir tout cela doit attendre des prétendants, aussi son savoir revêt des couleurs diverses et évite toute folie, conformément à ce que dit sire Hugues Brunenc [1] pour donner à sa dame une belle tenue :

« *Car aux fous elle fait penser la folie*
et aux sots la sottise
et aux amants initiés
elle dissimule sa pensée avec des propos agréables. »

Et vous, parce que vous voulez obtenir une belle entrée [*dans le monde*] et du mérite en aimant, vous avez fait venir à vous à la première requête mon chevalier, sans le moindre égard ; cela n'en restera pas là sans dommage pour nous trois : vous, parce que je l'ai perdu à tort et sur votre conseil, vous êtes plongée jusqu'aux cheveux dans une ignominie partout révélée. Parce que jamais une jeune fille non mariée ne commit un tel péché, vous avez rendu hypocrite, menteur et inconstant en toute chose celui qui d'habitude était parfait, pur en amour sans cœur volage. Moi, à qui on a jamais attribué ni reproché d'avoir l'esprit vain et vil, je reste privée de joie et blâmée à tort, car on ne connaît pas mon bon droit. Voilà le genre de sauce, de poivrade

---

1. Originaire du Rouergue (de Rodez, Aveyron), Hugues Brunenc fut d'abord clerc puis jongleur. Il reste de lui six chansons et un *sirventés* moral composés à la fin du XIIe siècle.

sabetz vos far, als non gardatz. »
E sela cuy anc nuls talans
vils ni gilos no fon cargatz,
845 aisi com sela a cuy non platz
mas ses tot genh bon pretz aver,
estet un pauc ab nonchaler,
cab cli, e pres lo a levar
e dis : « Ma dona, s'ieu ren far
850 saubi ni say ad obs de pretz,
ades conosc que tan m'avetz
vos mess'als vostres noirimens.
E car ab vos non es guirens
ses tot duptes nulhs bos cuydar,
855 val m'en mos dreitz ; el trop parlar
que n'avetz fag no m'en ten dan ;
per so car yeu ja jorn claman
non tornarai mon dreg en tort,
e car ades n'ai un conort,
860 aquest qu'en Folquet dis chantan,
per qu'ieu soi de melhor talan
e pus sufren en tota re :
« *Ans vuelh trop mais mon dan soffrir jasse*
que.l vostre tort adrechures claman [1] »
865 Venjar ven mantas vetz a dan,
sitot s'es faitz pretz ab acort.
Estiers vos dic, si Dieu m'aport
a far tostemps mon pretz valen,
c'anc per mi, a mon essïen,
870 non perdes vostre bon jornal.
Mas ben es vers c'un jorn aital,
co vos sabetz, fo tot aisi
hon yeu vostre cavayer vi,
segon mon sen, partir de vos.
875 E car me semblet angoissos,
vas terra clin ses tot esper,

---

1. Folquet de Marseille, *A ! quan gen vens et ab quan pauc d'afan*, pièce X de l'éd. cit., v. 23-24.

que vous savez faire, sans prendre garde à rien d'autre ». Et l'autre à qui on n'avait jamais imputé de sentiment vil ni de jalousie, en personne à qui tout ce qui plaît est d'avoir un vrai mérite sans recourir le moins du monde à la ruse, était demeurée la tête basse ; avec beaucoup de tranquillité, elle la redressa et dit :

« Ma dame, si j'ai su ou sais accomplir quelque chose en matière de mérite, je reconnais tout de suite que c'est parce que vous m'avez mise à votre école. Puisqu'avec vous aucune bonne pensée ne se trouve à l'abri du péril, c'est mon bon droit qui me défend ; vos propos excessifs ne me portent pas préjudice : je ne transformerai jamais par ma plainte mon bon droit en tort, et j'ai sans cesse une consolation, ce que sire Folquet dit dans son chant, et cela me rend de meilleure humeur et plus patiente qu'il n'est possible :

« *J'aime mieux souffrir toujours ma peine*
que réparer vos injustices en me plaignant. »

La vengeance amène souvent un dommage, alors que le mérite s'est établi avec la concorde. De plus, je vous déclare, que Dieu me permette de toujours améliorer mon mérite, que vous n'avez jamais perdu à cause de moi votre bonne situation. La vérité : c'est qu'un jour il est arrivé, comme vous le savez, que j'ai vu votre chevalier vous quitter. Et comme il me semblait affligé, la tête basse, totalement désespéré,

> justa luy m'aney assezer
> veramen per saber son cor.
> Aisi parlem entre demor
> 880 e dol e gaug e marimen,
> vas qu'el me dis com lonjamen
> avia segui vostr' esclau,
> ses tot camjar, gent e suau,
> e fis e ferms, may de set ans,
> 885 e que vos prendiatz sos gans
> e sos cordos e sos anels
> e d'autres avers bos e bels,
> ses als que no.y poc enansar,
> segon qu'ieu li auzi comtar,
> 890 per penre joy gran ni petit.
> Aiso mi duys non mal respit,
> per so car yeu say que set ans,
> si doncx on renha ab enjans,
> neys dos no.s pot dona tener
> 895 de far a cavayer plazer,
> si doncx no.l passet ab enjan.
> E so que pus me mes [1] avan
> a far conoisser la vertat :
> venc qu'el me dis per cal peccat
> 900 l'acomjades ses tot retenh.
> Per qu'ieu, si tot mi semblet genh
> e so que no fora de vos
> a far aital malvat respos,
> e cant o saupi per deman,
> 905 son doptos cor adomdiey tan
> co vos trobes a l'autra ves.
> Si m'en feris, vos o dires
> o ja per me non er sauput,
> e ar [2] can vos a avengut,
> 910 segon vostre sen, malamen,
> anatz so c'aviatz queren

---

1. Ms. « met ».
2. Ms. « ars ».

je suis allée m'asseoir à ses côtés afin de connaître exactement ses sentiments. Nous conversâmes ainsi, partagés entre l'agrément et la peine, la joie et le chagrin, jusqu'à ce qu'il me raconte comment il avait longuement suivi vos pas, avec constance, courtoisement et discrètement, le cœur pur et constant, durant plus de sept ans, comment vous acceptiez ses gants, ses bracelets et ses anneaux et d'autres présents bels et bons, sans avantage pour lui, car d'après ce que je lui ai entendu rapporter, cela ne lui a pas permis d'avancer au point d'obtenir une joie, petite ou grande. Cela m'a paru un long délai, car je sais qu'un délai de sept ans implique qu'on se comporte de manière déloyale et, même au bout de deux, une dame ne peut se dispenser de faire plaisir à son chevalier, si elle ne s'en est pas acquittée par une feinte. Et voici ce qui me pousse le plus à faire connaître la vérité : il arriva qu'il me rapporta la faute pour laquelle vous lui avez donné congé sans retour. C'est pourquoi, bien que cela me parût une tromperie et que cela ne vous ressemblât pas de répondre si méchamment, lorsque je le sus en l'interrogeant, j'apprivoisai son cœur inquiet, de la manière que vous avez découverte l'autre fois. Vous m'avez frappée — vous le direz vous-même ou on ne l'apprendra jamais de moi — et maintenant qu'il vous est arrivé malheur, à ce que vous croyez, vous recherchez ce que vous possédiez

lay on ja non o trobaretz.
May, si.eus membres so qu'en Folquetz
en dis, vos o saubratz tener :
915 « *Per que.m par fols qui no sap retener*
so c'om conquier, qu'ieu pres ben atrestan
qui so rete c'aura conquist denan
per son esfors co fay lo conquerer [1] »
Mays vos volgues amic aver
920 a vostre pro, ses autr' esgart,
adreg e franc, ses cor moyssart,
ab sol semblan e servidor.
E cuy vol far son pro d'amor
non es amaire, mas truans.
925 Ieu non dic ges, s'us fis amans,
aisi co es us cavayers,
adretz e francx, fis e entiers
ad obs d'amar e cabalos,
vol far ni dir per mi que pros
930 ses mon autrey, deg mi gardar.
Per so car es lur pretz d'amar
donas valens e.n son pus gays
e pus arditz en totz assays,
e mielhs faitz ad obs de servir.
935 E bona dona, can grazir
sap un pros cavayer ni far,
non cug aisi ses dan passar
ab sol semblan, jogan, rizen ;
mas pus li fara entenden
940 ren de son cors ni prenda.l sieu
segon amor o car o lieu,
tenguda l'es de gazardo.
Aisi fa hom d'amor son pro,
e salva dona pretz entier,
945 no esquivan son cavayer,
cant n'a tot trag so que.l n'es bel.

---

1. Folquet de Marseille, *A ! quan gen vens et ab quan pauc d'afan*, pièce X de l'éd. cit., v. 9-12.

là où vous ne le trouverez plus. Mais, si vous vous souvenez de ce que sire Folquet [*de Marseille*] en dit, vous saurez le respecter :

« *C'est pourquoi me paraît fou celui qui ne sait pas*
                                                      [*garder*
ce qu'on conquiert ; j'estime autant
celui qui retient ce qu'il a conquis auparavant
par son effort que la conquête. »

Mais vous, vous voulez posséder un amant pour votre profit, sans autre préoccupation, un amant juste et noble, au cœur dépourvu de perfidie, ou alors seulement avec de l'apparence, et serviteur dévoué. Qui veut tirer profit d'amour n'est pas un amant mais un fripon. Je ne dis absolument pas que, si un amant sincère, comme l'est un chevalier, juste et noble, accompli, sincère en amour et parfait, veut accomplir pour moi des exploits et tenir des propos pleins de noblesse sans mon autorisation, je doive m'en abstenir. Le mérite [*des amants*] provient de leur amour pour les dames de qualité ; ils en sont plus joyeux, plus hardis dans toute entreprise et davantage capables de servir. Une noble dame, lorsqu'elle sait agréer et rendre noble un chevalier, je ne pense pas qu'elle en soit quitte avec des mines, des plaisanteries et des rires. Plus elle lui laissera découvrir son cœur et prendra le sien, et plus, conformément à l'amour, facilement ou non, elle est tenue de le récompenser. C'est ainsi qu'un homme tire profit d'amour et qu'une dame sauve l'intégralité de son mérite et non pas en éloignant son chevalier une fois qu'elle en a retiré tout ce qui lui plaît.

Salvar deu dona son capdel,
e c'om non perda re ab ley,
ni vas son amicx non arey
950 ni prometa res ses donar.
Mas vos avetz say dig, so.m par,
per qu'el non deu estar ab vos
que.us a servit mantas sazos.
Et enquer lo.y mandatz tornar,
955 non per son pro mas per salvar
vos meteyssa, c'als non queretz.
Mal avetz fag e pieitz dizetz
segon amor a bon captenh.
Amor non pot estar ab genh
960 ni aisi lonjamens durar ;
e qui la sap gen comensar
e ses enjan e mal fenir,
aisi li.n pren com auzi dir
al joglaret en son verset :
965 « *E si.l bos faitz a la fi non paret,
tot cant a fag lo senhor es mens* [1] »
Segon fi val comensamens
jes [2] no fi segon comensar.
Mas vos me cujatz abeurar,
970 aisi com s'era senes sen,
ab us fenhemens duramen,
cays que.m pes que no sia fis.
E sol no.us pessatz c'anc no vis
tan mal acabat com de por
975 a conoisser sen o folor
a cuy fa mal o bon jornal.
Vos anatz dizen c'anc per al
non acomjades vostr' amic
mas per assay e per castic.
980 E per salvar vostra razon
ieu dic que anc dona non fon

---

1. Anonyme.
2. Ms. « ieu ». Correction d'après M. Cornicelius.

Une dame doit préserver son pouvoir et il ne faut rien perdre avec elle ; elle ne doit pas disposer de son amant ni rien promettre sans donner. Vous avez expliqué, me semble-t-il, que la raison pour laquelle il ne doit pas rester avec vous est qu'il vous a servie longtemps. Vous lui ordonnez encore de vous revenir, non pour son profit mais pour vous sauver vous-même, car vous ne cherchez rien d'autre. Vous avez mal agi et parlé pis encore, selon un juste comportement amoureux. L'amour ne peut séjourner en compagnie de la tromperie et ainsi durer longtemps. A qui sait commencer à aimer courtoisement et loyalement mais mal achever, il arrive ce que j'ai entendu dire dans un distique d'un jeune jongleur :

« *Si la belle action n'apparaît pas à la fin,*
tout ce qu'a fait le seigneur est amoindri. »

En fonction de la fin vaut le commencement, non la fin en fonction du commencement. Vous avez pensé m'abuser cruellement avec des ruses, comme si j'étais dénuée de bon sens, comme si je pensais qu'il était infidèle. Vous ne songez même pas que j'en aie vu d'assez mal achevé pour reconnaître ensuite intelligence et folie chez qui fait bien ou mal son travail. Vous allez déclarant que vous n'avez jamais congédié votre ami pour d'autre motif que de le mettre à l'épreuve et de lui faire la leçon. Pour sauver votre cause, je déclare que jamais il n'exista de dame

ves son amic ses mal träy.
E no.l cuj'a perdre ses fi
ab sol un dels menors forfaitz.
985 Mortz vos aves ab vostres plaitz,
e pueys dizetz qu'ieu o ai fag ;
e sol non esgardatz can lag
esta a dona ni com creys
s'anta[1] claman, car so meteys
990 quier c'a perdut per son neleg,
et enquer n'atendetz adreg
ni esmenda. Et yeu vos dic
c'anc vostre drut ni vostr' amic[2],
o co que.us vulhatz l'apelatz,
995 non emparey de nulh solatz
ni d'autras res ad obs d'amar,
ni cug ges que.y volgues tornar,
que vos l'aculhissetz tan mays.
Aisi.l trobey en greu pantays,
1000 co yeu vos ay dig, e felo,
e car l'emparey[3] votre pro
cugey far e no vostre dan,
per son que.l no s'anes claman,
ni vostre tortz no fos saubutz,
1005 e veramen per so c'a lutz
vengues per el mos[4] pretz enans.
Comjatz per me petitz ni grans
non aura, pero si.l voletz
ni el vos vol, aisi.l prendetz,
1010 ab mal que m'er tostemps e grieu.
— Non passaretz aisi de lieu
respos la don', amiga bela.
Vos sabetz be que, qui apela
autruy amic cant es iratz,
1015 ades sembla no vuelha patz,
ni qu'el torn lay don es mogutz.

---

1. Ms. « sa ma ». Correction M. Cornicelius.
2. Ms. « c'anc vostr'amic ni vostre drut ».
3. Ms. « emperayre ».
4. Ms. « mon ». Correction d'après M. Cornicelius.

qui ne se soit pas mal comportée à l'égard de son ami. Et elle ne croit pas le perdre à jamais à cause d'une des fautes les plus anodines. Votre querelle vous a tuée et vous déclarez ensuite que la responsabilité m'en incombe. Et vous ne considérez même pas combien il est laid de la part d'une dame ni combien cela fait croître sa honte de se plaindre lorsqu'elle demande cela même qu'elle a perdu par sa faute ; de plus, n'attendez pas de ma part que je vous en fasse raison ou réparation. Je vous affirme que je n'ai jamais attiré votre amant ou votre ami — quel que soit le nom dont vous voudrez l'appeler — par des entretiens courtois ni avec des manières amoureuses. Je ne pense pas qu'il veuille revenir auprès de vous, même si vous avez le désir de l'accueillir. Je l'ai trouvé dans la situation que je vous ai dite, en douloureux et cruels tourments, et, en l'accueillant, je pensais agir suivant votre intérêt non vous faire du tort, afin qu'il ne se répande pas en reproches, que votre faute reste inconnue et que mon mérite se développe en pleine lumière grâce à lui. Il ne recevra pas de moi son congé, ni peu ni prou, mais si vous voulez le chevalier et s'il vous veut, prenez-le, en dépit de la cruelle souffrance que j'en aurai éternellement.

— Belle amie, ne croyez pas vous en tirer aussi facilement, répondit la dame. Vous savez parfaitement que qui attire l'ami d'autrui lorsqu'il est affligé ne donne pas l'impression de vouloir la paix ni qu'il retourne là d'où il est venu.

Mas si.l mal cor li fos cazutz,
aisi com hom se refreydis
per trops comjatz e car l'es vis
1020 c'autruy sia sos joys donatz,
e l'emparesses, luns peccatz
no.us en pogra venir ni tortz.
Mas vos, aisi cosi[1] fos sortz
e cossi vengues per onrat,
1025 aqui meteys que.l vis yrat
ni.l trobes despagat en re,
li fos castel e so per que
el s'es tengut de mi servir.
Eras can no.y podes noirir
1030 nulh be per qu'el fos vas ma part
anatz queren saber et art,
per que.m pagues d'un bel nien,
mas non er fag. Per qu'ieu breumen
vos dic et segon dreg d'amor,
1035 e car a luy no fa paor
ni vergonha mos escondirs,
c'ades ses totz autres gandirs,
lo deves eslonhar de vos,
e car camjaire non cre fos
1040 ses mantenensa en nulh loc.
Eslonhar ? — Hoc ! — Ans metray foc
a mi mezeissa, ela.l ditz.
Non laissarai per aitals ditz
sel que.m fa vieure e valer.
1045 No farai jorn ! Ni ja poder
non auretz aital co.us cujatz,
qu'eras laissetz, eras prendatz,
aisi co hom fa so que part.
S'ieu trop acomjadat a part
1050 ses colpa vostre cavayer
e l'empari segon mestier,

---

1. Ms. « cofi ».

Mais si le cœur de ce dernier était tombé dans la méchanceté, à la manière de celui d'un homme dont les sentiments se refroidissent sous l'effet de trop nombreux congés et parce qu'il lui semble qu'à autrui est alloué son bonheur, et que vous l'accueilliez, on ne pourrait vous reprocher aucune faute ni aucun tort. Mais vous, comme s'il avait reçu des louanges et avait été honoré, tout aussitôt que vous l'avez vu attristé et tant soit peu mécontent, vous avez été pour lui un refuge, c'est la raison pour laquelle il s'est abstenu de me servir. Maintenant que vous ne pouvez nourrir aucune des qualités qui l'avaient fait se tourner vers moi, vous recherchez un moyen et un artifice, afin que je me paie de mirages, mais cela ne sera pas. Pour cette raison, je vous déclare brièvement et conformément au droit d'amour que, comme il n'a ni peur ni honte à me repousser, sur-le-champ, sans la moindre dérobade nouvelle, vous devez l'éloigner de vous, car je ne crois pas qu'il y ait jamais eu d'inconstant sans soutien.

— L'éloigner ?
— Oui !
— Je me brûlerai plutôt moi-même, répondit-elle. Je n'abandonnerai pas pour de tels propos celui qui me fait vivre et me donne du mérite. Jamais je ne le ferai. Vous ne posséderez jamais le pouvoir que vous vous imaginez, de tantôt abandonner tantôt reprendre, comme on le fait lorsqu'on partage. Si je trouve à l'écart votre chevalier qui a reçu congé sans qu'il soit coupable et que je l'accueille comme il faut,

en dreg d'amor non son tenguda,
ni d'aiso no serai vencuda
que.l don comjat ses son forfait.
1055 E venh¹ m'en a dreg et a plait
en cal que poder vos vulhatz.
— A dreit ? e non er escotat,
dis la dona, nulhs mos prezicx ?
E yeu lo.n prenc et yeu amicx
1060 non cug fos may en dreg tornatz. »
E.l jutjamen es autreyat
per abdoas, si co yeu say,
ad un baro pros e veray
de Cataluenha mot cortes ;
1065 e, s'ieu no.y falh, per so nom es
n'Uc de Mataplan' apelatz.
Aiso fo lay que.l temps d'estatz
repairava e la sazos
dossa², e.l temps fo.s amoros
1070 on s'espan ram e fuelh e flors ;
e car no.y par neus ni freidors,
ades n'es l'aura pus dossana.
E.l senher n'Uc de Mataplana
estet suau en sa mayzo ;
1075 e car y ac man ric baro.
ades lay troberatz manjan
ab gaug, ab ris et ab boban
per la sala ; e say e lay,
per so car mot pus gen n'estay,
1080 ac joc de taulas e d'escax
per tapitz e per almatracx
vertz e vermelhs, indis e blaus.
E donas lay foro suaus,
e.l solas mot cortes e gens.
1085 E sal m'aisi Dieu mos parens,
com ieu lai fuy aisela vetz

---

1. Ms. « vens ». Correction de M. Cornicelius.
2. Ms. « dossas ». Correction de M. Cornicelius.

je ne tombe pas sous le coup du droit d'amour ; et je ne serai pas condamnée à lui donner congé sans qu'il ait commis de faute. Et je veux bien aller en justice et plaider devant toute autorité que vous voudrez.

— En justice ! On n'écoutera donc, répond la dame, aucune des mes prières ? J'accepte l'offre mais je ne crois pas qu'un ami ait jamais été déféré devant un tribunal. »

Le jugement fut octroyé par les deux dames, comme je le sais, à un baron de Catalogne, noble, sincère et très courtois et, si je ne me trompe pas, on l'appelle du nom de Hugues de Mataplana. Cela se passait au moment du retour de l'été et de la saison douce et c'était le temps plein d'amour où s'épanouissent branches, feuilles et fleurs et où, comme on ne voit plus ni neige ni froidure, la brise devient sans cesse plus douce. Le seigneur Hugues de Mataplana était bien au calme dans sa demeure ; il y avait là maints puissants barons, vous les y auriez sans cesse trouvés en train de manger dans la joie, les rires et le faste dans la grande salle. Çà et là, parce qu'on y était beaucoup plus à l'aise, on jouait au trictrac et aux échecs sur des tapis et des coussins verts, vermeils, indigo et bleus. Il y avait là des dames aimables et la conversation était fort courtoise et agréable. Que Dieu sauve ma parenté, aussi vrai que j'étais présent là

qu'intret aqui us joglaretz
azautz e gens e be vestitz,
e non parec mal issernitz
1090 al perparar denan n'Ugo.
Aqui cantet manta chanso
e d'autres jauzimens assatz.
E cascus, can[1] s'en son pagatz,
tornet a son solatz premier.
1095 E el remas ses cossirier,
aisi com coven al sieu par,
e dis : « Senher n'Uc, escotar
vulhatz estas novas que.us port.
Vostre ric nom que no volc tort
1100 mas dreg, segon c'a mi es vis,
venc ab tant e nostre paÿs
a doas donas que.m trameton
a vos e lur joy vos prometon
e lur mezeissas per tostemps.
1105 E car non son ab vos essems
non-covenirs las ne atura. »
Lo fait e tota l'aventura
qu'entre las doas donas fon
vos ai dig ieu e tot l'espon,
1110 tot mot e mot e planamen,
ni con queron lo jutjamen
e, sobre tot, en son falhir,
car lurs noms no vuelh descobrir
per c'om los pogues apercebre.
1115 E.l senher n'Uc, que anc dessebre
no volc si ni autre un jorn,
estet un pauc ab semblan morn,
no per sofraita de razo,
mas car ades aital baro
1120 volon estar suau e gen.

---

1. Ms. « tan ».

lorsqu'entra un jeune jongleur, élégant, de bonne allure et bien mis, et il ne parut pas manquer de distinction lorsqu'il se présenta devant sire Hugues. Il interpréta maintes chansons et beaucoup d'autres pièces agréables. Quand l'auditoire fut rassasié, chacun retourna à sa première distraction. Le jongleur resta un moment sans s'inquiéter, comme il convient à quelqu'un de son état, puis déclara :

« Seigneur Hugues, daignez écouter cette nouvelle que je vous apporte. Votre grande réputation, qui n'admit jamais le tort mais seulement le bon droit, à ce qu'il me semble, est bientôt venue dans notre pays aux oreilles de deux dames qui m'envoient à vous et vous promettent leur joie et leur personne pour toujours. Et si elles ne sont pas présentes auprès de vous, c'est que les en empêche le fait que ce ne serait pas convenable. »

Je vous ai rapporté moi-même le fait et toute l'aventure survenue entre les deux dames, le jongleur l'expose en entier, mot à mot et clairement, disant comment elles demandaient d'être jugées, surtout en leur absence, car je ne veux pas découvrir leur nom, ce qui permettrait qu'on les identifie.

Le seigneur Hugues, qui jamais ne voulut se tromper ni tromper autrui, demeura un moment la mine sombre, non par manque d'à propos, mais parce que les barons de sa sorte veulent rester calmes et nobles.

Al revenir estet breumen,
cant un pauc se fon acordatz,
e dis : « S'ieu soy pros ni prezatz,
1125 ni aital com tanh a baro,
per las donas que aisi so,
segon que.m par, aperceubudas,
e car lur son razos cregudas
aitals, ses lur vezer m'es grieu.
1130 Vos remanretz anueg et yeu,
al bon mati, aurai mon sen
e mon acort, per qu'ieu breumen
vos deslieurarai vostr' afar. »
Aisi fon fait. E si comtar
1135 vos volia.l solas que tut
agron ab lo joglar la nut,
semblaria vana promessa.
E.l bo mati, aprop la messa,
can lo solelh clars resplandis,
1140 mo senher n'Uc, per so car fis
volc esser, venc en un pradet
aital co natura.l tramet
can lo pascor ven gais ni bels ;
e car no.y ac loc pus novels,
1145 e anc no.y volc autre sezilh
ni ac ab luy paire ni filh,
mas me e.l joglaret que.i fom.
Aisi seguem denan luy com
sezia.m eras denan vos.
1150 Mot fo lo temps clar e joios
e l'aura doss'e.l temps seres.
E.l senher n'Uc, aisi com es
ricx e cortes, cant volc parlar,
a dig, a sos ditz comensar,
1155 al joglaret : « Amic, vos es
vas mi vengut per so car pres
vos es a far vostre messatje ;

Il se reprit rapidement lorsqu'il se fut un peu concerté avec lui-même et déclara :

« En admettant que je sois noble et estimé et tel qu'il convient à un baron pour ces dames qui, à ce qu'il me semble, sont si avisées, puisque un tel différend leur est survenu, ne pas les voir me fait difficulté. Restez ici cette nuit et demain, de bon matin, j'aurai réfléchi et pris ma décision, et me prononcerai rapidement sur votre affaire. »

Ainsi fut fait. Si je voulais vous conter le plaisir que le jongleur procura à tous cette nuit-là, cela vous semblerait une promesse en l'air. De bon matin, après la messe, lorsque le soleil clair resplendit, monseigneur Hugues, qui voulait se montrer loyal, se rendit dans une prairie telle que la nature la présente lorsque arrive le printemps gai et beau ; comme il n'existait pas de lieu où le renouveau de la saison parût avec plus d'évidence, monseigneur Hugues ne voulut pas d'autre siège que la prairie et il n'y avait en sa compagnie ni père ni fils, sauf le jeune jongleur et moi qui étions là. Nous étions assis devant lui comme je l'étais à l'instant devant vous. Le temps était très clair et très joyeux, la brise douce et le ciel serein. Le seigneur Hugues, à sa manière noble et courtoise, quand il prit la parole, commença par dire au jeune jongleur :

« Ami, vous êtes venu vers moi car vous vous êtes préoccupé de transmettre votre message.

mas a mi vensera coratje
a far un aital jutjamen,
per so car en despagamen
1160 venon ades aital afar.
Mas non per tal per so car far
aital castic val entre.ls pros,
vuelh que.m portes a las razos
que m'avetz dichas, mo semblan.
1165 Vos, per so car n'avetz coman
segon que avetz dig, dizetz
qu'en Lemozi, per so car pretz
volc aver un pros cavayer,
adreg e franc, pros e entier
1170 ad obs d'amar e cabalos,
e car amor adutz mans pros
e mans enans seluy qu'es fis,
amet una don' el paÿs
auta d'onor e de paratje.
1175 E la dona, que[1] son coratje
conoc e son fag paratjos,
volc li sofrir per so que.l fos
amicx e servire tot jorns.
E.l cavayer, car anc sojorns
1180 no fon ben amar ses jauzir,
volc a son temps son joy complir
e a sidons[2] trobar merces.
Mas segon c'ay de vos apres,
esquivat li fon malamen.
1185 E ai retengut eyssamen
com la donzela l'amparet
ni com la dona l'apelet,
may el no volc a lieys tornar;
per qu'ela.l dis, car anc camjar
1190 volc lo coratje, messongier
ad obs d'amar e cor leugier

---

1. Ms. « qu'en ».
2. Ms. « son dons ». Correction de M. Cornicelius.

Pour moi, rendre un tel jugement sera vaincre ma conviction, car de telles affaires suscitent toujours le mécontentement. Toutefois, puisque prononcer de telles instructions a de la valeur aux yeux des gens de qualité, je souhaite que vous rapportiez mon opinion aux justiciables dont vous m'avez parlé. Vous, en vertu de la mission qui, d'après vous, vous a été confiée, vous m'avez dit ceci : en Limousin, dans l'intention d'acquérir du mérite, un noble chevalier, excellent et bien né, sans défaut en amour et parfait, vu qu'amour apporte maints profits et maints avantages à qui lui est fidèle, aima dans le pays une dame d'honneur et de naissance élevés. Et la dame, qui connaissait son cœur et sa noble conduite, voulut bien accepter qu'il fût pour toujours son ami et son serviteur. Et le chevalier, attendu qu'aimer sans jouir de son amour n'a jamais été un plaisir, voulut, le moment venu, l'accomplissement de sa joie et trouver grâce auprès de sa dame. Mais, selon ce que j'ai appris de votre bouche, cela lui fut méchamment refusé. J'ai également retenu que la demoiselle l'accueillit et que la dame le rappela, mais il ne voulut pas lui revenir ; aussi le déclare-t-elle, pour avoir voulu changer de sentiments, menteur en amour, léger de cœur,

e camjador e plen d'enjan.
E la dona, que en bayzan
l'a retengut, ditz enemiga,
1195 per so car el' era s'amiga
e noirimens a bona fes
aprenden s'onor e sos bes
a retengut son cavayer.
La razon, per que mal li.n mier,
1200 segon mon sen, ni que.l demanda,
ay dins el cor ; e pueys l'abranda
tot so per que l'autra.l defen.
Per que.n dirai, segon mon sen,
vas cal part esta bona letz.
1205 Vos sabetz be, amicx, que dretz
es una cauza mot lials,
mas si be s'es sens naturals
e la melhor cauza del mon,
no.l pot aver en son aon
1210 ses mot auzir e mot proar,
ni saber no.s pot acostar
ad home ses mot retener.
E per so yeu, car anc valer
non poc anc res mens d'aquestz dos,
1215 vuelh vezer tostemps hom[e]s pros
et aver ab me, so sapchatz.
Et ai n'estat en cort privatz,
e de donas mot pus vezis,
per so car sabers m'enantis ;
1220 et en razos soi entendutz
e son m'en ja mans bes vengutz
et enquer n'esper atretans.
E sel que dis que fis amans
non deu seguir mas voluntatz,
1225 aisi dic que es forsenat[z],
per qu'en diray so qu'en retrays

inconstant et plein de tromperie. Et elle traite d'ennemie la demoiselle qui a retenu le chevalier d'un baiser, car c'est alors que la dame était son amie, son éducatrice lui apprenant la bonne foi, l'honneur et le bien qu'elle l'a retenu auprès d'elle. La raison pour laquelle elle l'accuse est sa requête, il me semble que je la connais bien ; elle s'enflamme pour tout ce que l'autre lui interdit.

Aussi je vais vous dire de quel côté se trouve à mon sens le bon droit. Vous savez bien, ami, que le droit est une chose pleine de probité, mais, même si le bon sens est chose naturelle et la meilleure du monde, on ne peut s'aider de lui sans avoir beaucoup entendu et beaucoup vérifié ; le savoir ne peut venir à un homme sans qu'il ait beaucoup retenu. Aussi, comme jamais personne n'a pu obtenir de valeur sans ces dons, je veux constamment rencontrer des hommes de bien et les avoir en ma compagnie, sachez-le. J'ai été leur intime à la cour et encore plus proche des dames afin que le savoir me fît progresser ; je suis expert en actions de justice et il m'en est déjà advenu maints biens et j'en espère encore autant. Celui qui affirme que l'amant parfait ne doit suivre que ses désirs, je dis ici que c'est un fou ; aussi vais-je vous rapporter ce que déclare sur ce point

Raimon Vidal, que aisi es :
« *Vers es c'aman pot hom far nessies*
e mant assay fol e fat e leugier,
1230 *mas yeu no vey c'a nulh autre mestier*
valha tan chauzimen,
sol c'om no.s vir vas falsa volontat.
E sel que dis que puesca res valer
mays cor d'amor e veray' amistat
1235 *cor trichador e trobat en blandirs*[1] »,
val pauc se s'a [a] totz uzatje
mal, sens saber[2]. Ab so coratje
adutz als sieus mans encombrier[s].
Per qu'ieu vos dic qu'en totz mestiers
1240 se tanh saber et art et us.
Mas engalmen et engal pus,
non pot hom triar ses saber.
Sabetz per c'an perdut poder
mant aymador en domneyar ?
1245 Per so car no sabon amar
ni als aver mas voluntat.
E perdon so c'auran selat
set ans en un jorn o en dos.
E.l cavayer adreg e pros,
1250 que tan servi ses gazardo
et ab tot aiso non li fo
sufert, mas esquivat mot fort,
non deu aver nulh son acort
ni son cor doptos al tornar ;
1255 e deu aisela mot amar
que l'emparet en aital loc.
E la dona, sela que.l moc
aital' pantais ses autr' esgart,
non ac jes saber a sa part,
1260 per que.l notz, per qu'eras s'en dol.

---

1. *Cobla* de Raimon Vidal de Besalú uniquement connue par sa citation dans la nouvelle.
2. Le Ms. donne la leçon suivant : « val pauc se sa totz uzatje mals/senes saber. Ab so coratjes ». Le vers 1236 est trop long d'une syllabe ; on suppose que « mal » appartient au vers suivant.

Raimon Vidal, voici :

> « *Il est vrai qu'en aimant on peut commettre des*
> >   [*sottises*
> *et tenter maintes choses déraisonnables, stupides*
> >   [*et frivoles,*
> *mais je ne vois nulle autre affaire*
> *où le discernement ait autant de valeur*
> *à la condition qu'on ne se détourne vers une fausse*
> >   [*volonté.*
> *Et celui qui affirme que rien puisse valoir*
> *sinon cœur amoureux et inclination véritable*
> *un cœur faux inventif en flatteries* »

vaut peu si ses mauvaises habitudes sont dénuées de sagesse. Par cette façon de penser, il amène aux siens maints ennuis. C'est pourquoi je vous dis qu'en toute affaire, il faut connaître l'art et la manière. Mais de même, et encore davantage, on ne peut faire preuve de discernement sans sagesse. Savez-vous pourquoi maints amants ont perdu leur capacité à courtiser les dames ? C'est parce qu'ils ne savent pas aimer ni posséder autre chose que des désirs. Ils perdent ce qu'ils ont dissimulé sept ans en un jour ou deux. Le chevalier juste et noble, qui servit si longuement sans récompense et, en dépit de tout cela, dont la demande ne fut pas tolérée mais éconduite très brutalement, ne doit pas considérer comme nul l'accord passé avec elle et craindre en son cœur de lui revenir ; il doit beaucoup aimer celle qui l'accueillit en pareille circonstance. La dame, celle qui le mit en une si grande peine sans autre égard, ne fut pas quant à elle très sage en lui faisant du tort, aussi maintenant elle le regrette.

Volrian dir mant home fol
e donas peguas que si ac,
mas per assay volc son cor flac
e ferm saber enqueras mays.
1265 Non es sabers aitals assays
mas folia, sai entre nos.
Sabers es c'om sia ginhos
segon que.s tanh a cascun fag,
ses malmenar e ses agag,
1270 segon que.l fag meteys promet ;
may cant hom mays ni mens y met,
ven a dan e non es sabers.
Falhic la dona, so es vers,
que.l cavayer acomjadet
1275 aisi vilmen, c'anc noy gardet
sen ni saber per obs que.l fos.
Mas no.l forfetz, per que.l perdos
no.y aia loc segon l'esgart.
Perdos [1] es c'om per lunh' art
1280 non pot adobar mas falhitz,
si com dis en Gauselm Faizitz,
us trobaire pros e cortes :
« *Pero qui totz sels agues*
mortz c'an mespres
1285 *e no.y fos capdels ni guitz*
perdos, mans n'agr'om delitz [2] »
Amors no es capdels ni guitz,
mals als savis on troba par,
sap jen son joy aparelhar,
1290 e no.l play c'om s'ane [3] volven.
Per so car tug siey mandamen
son voluntat e qui la cre
non pot aver lieys ni son be
ses malmenar e ses falhir.
1295 Saber, genh e sen fa delir
sos leugiers faitz perden ses tortz ;

---

1. Ms. « sabers ». Correction d'après M. Cornicelius.
2. Gaucelm Faidit, *No.m alegra chans ni critz*, pièce XLVIII de l'éd. J. Mouzat, *Les Poèmes de Gaucelm Faidit,* Paris, 1975, v. 30-33.
3. Ms. « s'anc' ». Correction M. Cornicelius.

Maints fous et maintes sottes affirmeraient qu'elle eut tort, mais qu'elle voulut connaître encore davantage si son cœur était versatile ou constant par une mise à l'épreuve. Une telle épreuve n'est pas considérée, ici parmi nous, comme preuve de sagesse mais de folie. La sagesse demande qu'on soit adroit, selon ce qui convient en chaque action, sans malmener quiconque et sans tendre de piège, conformément à ce que l'action elle-même propose ; mais quand on va au-delà ou en deçà cela tourne mal et ce n'est pas là de la sagesse. La dame a commis une faute, c'est vrai, en congédiant son chevalier aussi grossièrement, sans avoir égard ni à l'intelligence ni à la sagesse requise. Mais elle ne leur a pas forfait au point qu'il ne puisse y avoir place pour le pardon selon le jugement. Le pardon, c'est ce qu'on ne peut arranger d'aucune façon sans faillir, comme le dit sire Gaucelm Faidit [1], un troubadour noble et courtois :

« *Pourtant, si l'on avait tué tous ceux*
qui ont commis une faute,
et si n'était pas chef et guide
le pardon, on en aurait tué des quantités. »

Amour n'est ni chef ni guide, mais il sait associer sa joie aux sages en qui il trouve des partenaires et il lui déplaît qu'on devienne infidèle. C'est pourquoi tous ses ordres sont désirs et qui lui obéit ne peut atteindre l'amour ni obtenir ses biens sans mal se conduire ou commettre une faute. Son comportement léger détruit savoir, intelligence et bon sens en les perdant sans tort ;

---

1. Fils d'un bourgeois, Gaucelm Faidit est originaire d'Uzerche (Corrèze). Son biographe médiéval lui prête une vie dissolue et vagabonde. Les soixante-cinq pièces qui lui ont été attribuées ont été composées entre 1185 et 1220.

per c'amic trop esquieu ni fort
ni fol no.y pot aver mas mal.
Amicx son home cominal,
1300 per que s'en[1] va[n] en bon captenh,
adreg e franc e conoissen,
ses leugier cor e perdonan.
Autr'ome son pec e truan,
mol o dur e no son amic.
1305 Amors non a sen ni castic
ni als en se mas can voler.
Per que siey fag e siey poder
son tug leugier e pec e fort
als savis, per so car an mort
1310 venals plus fort sos reteners,
aisi com dis us amicx vers,
en Miravalh, cuy plac domneis :
« *En Amors a mantas leys,*
e de mantas partz aduy
1315 *tortz e guerras e plaideis :*
leu reman e leu defuy,
e leu.[s] pay' e leu s'irays [...][2],
soven sospira de prion
e mant enueg blan e rescon[3] »
1320 Aisi ven amors de prion,
et aisi pren son joy aman
amicx blanden e perdonan,
e aisi deu tostemps servir.
Per so car amor ses blandir
1325 ni ses merce no pot durar,
ni es amics, pus galiar
vol, pus anar pot e venir.
Amors falsa non pot hom dir,
sitot so an dig mant amic,
1330 per so car en fals ab cor tric,
vil ni camjan non es amors.

---

1. Ms. « sel ». Correction M. Cornicelius.
2. Oubli d'un vers : « e qui d'aisso l'es verays ».
3. Raimon de Miraval, *Er ab la forsa dels freys*, pièce XXVII de l'éd. cit., v. 9-16.

c'est pourquoi un ami trop désagréable, farouche et fou ne peut en obtenir que du mal. Les amants sont des hommes ordinaires, aussi se conduisent-ils bien ; ils sont justes, nobles, cultivés, sans inconstance et aptes au pardon. Les autres hommes sont sots et trompeurs, mous ou durs, mais ne sont pas des amants. Amour ne possède en soi ni intelligence ni remontrance, ni rien d'autre, sauf du désir. Aussi ses actes et son pouvoir paraissent-ils frivoles, stupides et désagréables aux sages, parce qu'ils ont tué plus fortement ses obstacles vulgaires, comme le dit un amant véritable, sire Miraval qui aimait faire la cour :

« *En Amour, il y a maintes lois,*
et de maints côtés il amène
torts, disputes et débats :
il est prompt à revenir et à s'enfuir,
à s'apaiser et à s'irriter
[et celui qui dans tout cela lui reste fidèle]
soupire souvent profondément
et adoucit et dissimule maintes peines. »

L'amour vient des profondeurs, et l'ami reçoit la joie en aimant, en courtisant, en pardonnant et il doit ainsi constamment servir. Vu que l'amour sans faveurs et sans pitié ne peut durer, il en est de même pour l'ami, une foi il veut tromper, quand il peut aller et venir. On ne peut déclarer l'amour faux, même si maints amants l'ont fait, car l'amour ne réside pas chez les hypocrites au cœur trompeur, vil et inconstant.

Amors, segon qu'ieu trop alhors
e en mi meteys, non es als
mas ferms volers en oms lials,
1335 ni vers amic ses bo voler ;
per que.us o dic, per so car ver
no sai ni puesc en ver proar
que la dona volgues peccar
ab son amic mas sol en dig,
1340 e a vos aug son escondig
comtar, e say c'amor non es
mas ferm voler per hom cortes,
ni fis amicx ses ben amar.
Per qu'ieu vos dic que perdonar
1345 fay a la dona son falhir,
segon amors, pus penedir
vol sos braus ditz ni emendar
e, majormen, car anc camjar
no volc alhors son cossirier.
1350 A l'autra dic, que.l cavayer
emparet aisi belamen,
non l'es blasmes per so car gen
si es menada tro aisi,
e membre.l c'anc per bona fi
1355 no venc mas be ni fara ja.
Et enquer may li membrara,
si bona via vol seguir,
so qu'en Bertran dis al partir
de lay on fon gent aculhitz :
1360 « *E sel que mante faizitz,*
per honor de si meteys
e' n fa bos acordamens,
ab sol los afizamens [1] ».
Car sofracha sembla de sens
1365 a dona qu'en pren autr' amic ;

---

1. Bertran de Born, *S'abril e foillas e flors*, pièce VIII de l'éd. cit., v. 19-22.

L'amour, selon ce que je trouve ailleurs et en moi-même, n'est rien d'autre qu'un ferme désir chez des personnes loyales et il n'y a pas d'amant véritable sans vrai désir. C'est pourquoi je vous le dis, attendu que j'ignore la vérité et que je ne peux vraiment pas prouver que la dame ait voulu commettre une faute envers son ami, sauf en paroles — c'est ce que je vous ai entendu raconter pour sa défense — et attendu que je sais que l'amour n'est rien d'autre pour un homme courtois qu'un désir constant et qu'il n'y a pas d'amant sincère sans un amour de qualité ; c'est donc pourquoi je vous dis qu'il convient de pardonner à la dame sa faute contre l'amour, puisqu'elle accepte de se repentir de ses paroles brutales et d'offrir réparation et, surtout, parce qu'elle n'a jamais voulu tourner sa pensée vers quelqu'un d'autre. A l'autre dame, qui accueillit si noblement le chevalier, je déclare que je ne la blâme pas car jusqu'à présent elle s'est comportée courtoisement, et qu'il lui souvienne que par bonne fin ne vint jamais que du bien, et que ce sera toujours le cas. Qu'elle se rappelle encore, si elle veut suivre le bon chemin, ce que dit le seigneur Bertran [*de Born*] en quittant le lieu où il avait été courtoisement accueilli :

« *Et celle qui soutient les proscrits*
en son propre honneur,
et en fait de bons accords
dès lors qu'une bonne paix est conclue. »

La dame qui prend l'ami d'une autre semble manquer de bon sens ;

absolva.l cavayer ades.
E s'el, aisi co hom engres,
s'esta de sidons a tornar,
1370 ieu dic, per dreg, c'acomjadar
lo deu sela que l'amparet,
per so car anc bos no semblet
vas amor amic ses merce
ni vans, ni.m par bona, so cre,
1375 a son fag sela que.l vol far
vas sidons son amic peccar,
ni, pus fait emenda, li te. »
Aisi.m parti, e per ma fe,
anc no vi pus cortes joglar
1380 ni que mielhs saupes acabar
son messatje cortezamen.
Estiers ai auzit veramen
que.l jutjamen fon atendutz
ses tot contrast, per que mans drutz
1385 n'estan pus sufrens vas amors.

c'est pourquoi je la prie, je lui conseille et lui dis de rendre sur-le-champ sa liberté au chevalier. Si ce dernier, comme un homme entêté, refuse de revenir auprès de sa dame, je déclare que, selon le droit, celle qui l'accueillit doit lui donner congé, car jamais un amant dépourvu de pitié et léger ne sembla bon envers l'amour, non plus que ne me semblera bonne pour son action, je le crois, celle qui veut faire commettre à son amant une faute contre sa dame et qui le retient après que celle-ci a fait réparation. »

Sur ce je les quittai et, sur ma foi, je ne vis jamais jongleur plus courtois ni sachant mieux mener à bien avec courtoisie son office de messager. Par ailleurs, j'ai entendu dire que le jugement fut exécuté sans la moindre protestation, si bien que nombre d'amants manifestent davantage de patience à l'égard de l'amour.

LE JALOUX PUNI

Castia Gilos

de

RAIMON VIDAL DE BESALÚ

Unas novas vos vuelh comtar
que auzi dir a un joglar,
en la cort del pus savi rey
que anc fos de neguna ley,
5 del rey de Castela, n'Amfos,
e qui era condutz e dos,
sens e valors e cortezia,
e engenh de cavalayria ;
qu'el non era onhs ni sagratz,
10 mas de pretz era coronatz
e de sen e de lialeza
e de valor e de proeza.
E a lo rey fag ajustar
man cavayer e man joglar
15 en sa cort e man ric baro ;
e can la cort complida fo,
venc la reÿna Lïanors ;
e anc negus no vi son cors :
estrecha venc en un mantelh
20 d'un drap de seda, bon e belh,
que hom apela sisclato,
vermelh ab lista d'argen fo
e y ac un levon d'aur devis.
Al rey soplega, pueys s'asis
25 ad una part, lonhet de luy.
Ab tan ve.us un joglar, ses bruy,
denan lo rey franc de bon aire ;
e.l dis : « Rey, de pretz emperaire,
ieu soy vengut aisi a vos
30 e prec, si.eus platz, que ma razos
si' auzida e entenduda. »
E.l rey dis : « M'amor a perduda
qui parlara d'aisi avan,
tro aia dig tot son talan. »

Je veux vous conter une nouvelle que j'ai entendu dire à un jongleur, dans la cour du roi le plus sage qui vécut jamais dans aucune religion, le roi de Castille, Alphonse [1], en qui étaient l'hospitalité et la générosité, l'intelligence, la valeur et la courtoisie, ainsi que l'art de la chevalerie. Il n'était ni oint ni consacré, mais couronné de mérite, de sagesse et de loyauté, de valeur et de prouesse. Le roi a fait s'assembler à sa cour maints chevaliers, maints jongleurs et maints puissants barons. Une fois la cour au complet, arriva la reine Eléonore [2]. Jamais personne ne vit rien de son corps ; elle vint enveloppée dans un beau et élégant manteau, taillé dans un drap de soie que l'on appelle cisclaton, vermeil avec un liséré d'argent et sur lequel était représenté un lion d'or. Elle s'incline devant le roi, puis s'assied à l'écart, à quelque distance de lui. Alors, sans bruit, arrive un jongleur devant le bon et noble monarque à qui il dit :

« Roi, empereur de mérite, je suis venu ici à vous et vous prie, s'il vous plaît, d'écouter et de prêter attention à mon propos. »

Le roi répond :

« Celui qui dorénavant parlera, jusqu'à ce que celui-ci ait achevé de dire tout ce qu'il désire, a perdu mon amitié. »

---

1. Alphonse VIII de Castille (1158-1214).
2. Fille d'Henri II Plantagenêt, roi d'Angleterre et d'Eléonore d'Aquitaine.

35 Ab tan lo joglar issernit
a dig : « Franc rey de pretz garnit,
ieu soi vengutz de mon repaire
a vos per dir e per retraire
un' adventura que avenc
40 sai, en la terra d'on yeu venc,
a un vassalh aragones ;
be sabetz lo vassalh qui es :
el a nom n'Amfos de Barbastre.
Ar aujatz, senher, cal desastre
45 li avenc per sa gilozia.
Molher bel' e plazen avia
e sela que anc no falhi
vas nulh hom[e] ¹ ni anc sofri
precx de nulh hom de s'encontrada,
50 mas sol d'un, don era reptada,
qu'era de son alberc privatz,
d'aquel de son marit cassatz.
Mas amors tan fort lo sobrava
per qu'alcuna vetz pregava
55 la molher son senhor, n'Alvira,
don ilh n'avia al cor gran ira.
Pero mais amava sofrir
sos precx que a son marit dir
res per que el fos issilhatz,
60 car cavayers era prezatz,
e sel que.l marit fort temia,
car de bona cavalaria
non ac sa par en Arago.
Doncx, dis lo rey, aquest fo
65 lo cortes Bascol de Cotanda.
-Senher oc ! Er aujatz la randa
co.l pres de la bela n'Alvira,
car res de tot cant hom dezira
non poc conquere ni aver,
70 tro al marit venc a saber

---

1. Ms. « hom ». Vers faux où manque une syllabe. Correction d'après I. Cluzel (*L'Ecole des jaloux. Fabliau du XIIIe siècle par le troubadour catalan Raimon Vidal de Besalú*, Paris, 1958).

Le jongleur avisé dit alors :

« Noble roi orné de mérite, je suis venu à vous de ma demeure pour vous rapporter et vous raconter une aventure arrivée là-bas, dans la contrée d'où je viens, à un vassal aragonais. Vous le connaissez bien : il s'appelle Alphonse de Barbastre [1]. Ecoutez, sire, quel grand malheur lui advint à cause de sa jalousie.

Il avait une épouse belle et plaisante, une femme qui n'avait jamais commis la moindre faute avec quiconque, ni souffert les prières amoureuses d'aucun homme de sa contrée, sauf d'un, dont on la blâmait car il était familier de sa maison et détenait un fief de son mari. Mais l'amour le subjuguait tant que, parfois, il adressait ses prières à l'épouse de son suzerain, dame Elvire ; elle en éprouvait dans son cœur une grande irritation. Toutefois, elle préférait souffrir ses prières que dire à son époux chose qui pût le faire exiler, car c'était un chevalier prisé que le mari craignait fort ; en Aragon on ne trouvait pas son pareil en bonne chevalerie.

— C'était donc, dit le roi, le courtois Bascol de Cotanda.

— Oui ! sire. Ecoutez la faveur qu'il obtint de la belle dame Elvire, car rien de tout ce qu'un homme désire il ne put le conquérir ni l'obtenir jusqu'à ce que le mari vint à savoir

---

[1]. Barbastro, localité d'Aragon, entre Huesca et Lérida.

que.l disseron siey cavayer
tug essems en cosselh plenier :
— Per Dieu, trop gran bauzia
fai en Bascol que cascun dia
75 prega ma dona et enquer ;
E dic vos que tan lo.i sofer
que coguos en seretz, ses falha. »
Et el respos : « Si Dieu mi valha,
si no m'era a mal tengut,
80 tug serïatz ars o pendut,
car non es faitz c'om creire deya,
e tug o dizetz per enveya,
car sobre totz [el] val e sap [1].
Mas ja Dieu no mi sal mon cap,
85 si jamay negus mi retrai
de res que na Alvira fai,
s'ieu per la gola non lo pen
que ja non trobara guiren. »
Ab tan parlet un cavaier
90 [e] fel e vilan e leugier [2] :
« Senher, cant auretz pro parlat,
e vil tengut e menassat,
si.eus dirai yeu d'aquest afar
con o poiretz en ver proar
95 si ama ma dona o non :
fenhetz vos c'al rey del Leon
voletz anar valer de guerra,
e, si ja podetz d'esta terra
en Bascol traire ni menar,
100 ve.us mon cors per justiziar
aissi.l vos lieure a prezen. »
So dis lo rey : « Et yeu lo pren ! »
Ab tan ve.us lo cosselh partit.
Et un de sels que l'ac auzit,
105 per mandamen de son senhor,

---

1. Ms. « car sobre totz val e sap ». Vers faux auquel il manque une syllabe. R. Nelli propose d'ajouter « el » (*Les Troubadours. Le trésor poétique de l'Occitanie*, op. cit., p. 190).
2. Vers faux auquel il manque une syllabe. Ajout d'après I. Cluzel.

ce que lui apprirent ses chevaliers réunis en conseil plénier :

« Par Dieu, le seigneur Bascol commet une grande tromperie en suppliant et priant d'amour chaque jour ma dame. Je vous affirme qu'elle l'y autorise, au point que, sans faute, vous serez cocu. »

Et le seigneur répondit :

« Que Dieu me vienne en aide, si la chose ne m'était imputée à mal, vous seriez tous brûlés ou pendus, car ce n'est pas une affaire qu'on doive croire. L'envie vous fait tous parler, car son mérite et son intelligence dépassent les vôtres. Mais que jamais Dieu ne sauve ma tête, si je ne pends par la gorge quiconque me rapportera quelque chose sur la conduite de dame Elvire ; celui-là ne trouvera point de garant. »

Un chevalier félon, vil et frivole prit alors la parole :

« Sire, lorsque vous aurez assez parlé, injurié et menacé, je vous dirai comment, en cette affaire, vous pourrez véritablement prouver si ma dame l'aime ou non : feignez de vouloir aller porter secours au roi de Léon en guerre et, si vous parvenez à faire sortir de cette terre le seigneur Bascol et à l'emmener, voici mon corps pour faire justice ; je vous le livre publiquement. »

Le roi répondit : « Je l'accepte ! »

Sur ce, le conseil se sépare. Un de ses participants [1], sur l'ordre de son maître

---

1. Littéralement : « un de ceux qui l'avaient entendu ».

vas l'alberc d'en Bascol s'en cor
e dis li : « 'n Bascol de Cotanda,
saluda.us mo senher e.us manda,
si.eus poira al mati aver,
110 car de guerra ira valer
al rey de Leon, senes falha. »
Et el respos : « Si Dieu mi valha,
mot voluntier irai ab luy. »
Pueys li dis suavet, ses bruy :
115 « No farai jes que non poiria. »
E.l messatje, plen de feunia,
tornet o dir a son senhor :
« Senher, vist ai vostre trachor,
e dis que ab vos anara.
120 Dis oc, mas ja re no.n fara,
qu'ieu conosc be e say que.l tira. »
E.l senher non ac jes gran ira
can auzi que son cavayer
ira ab el, ses destorbier.
125 E dis : « Ben pot paor aver
sel que s'es mes en mon poder
e lieurat a mortz per delir,
que res de mort no.l pot gandir,
s'en Bascol va en est viatge. »
130 E ja no.l camjara coratje
per promessa ni per preguieira.
Ab tan s'es mes en la carrieira,
dis qu'ira en Bascol vezer
c'amors fai planher e doler ;
135 e en planhen soven dizia,
ab greus sospirs la nueg e.l dia :
« Amors, be.m faitz far gran folor
que tal res fas vas mo senhor
que, s'el sol saber o podia,
140 res la vida no.m salvaria.

court au logis de sire Bascol et lui déclare :

« Sire Bascol de Cotanda, mon maître vous salue et vous demande s'il pourra vous avoir demain matin car il ira sans faute porter un secours militaire au roi de Léon. »

Bascol répond :

« Que Dieu m'aide, je l'accompagnerai très volontiers. »

Puis il ajouta doucement, tout bas :

« Je n'en ferai rien, car je ne le pourrais pas. »

Le messager, plein de félonie, s'en retourna le dire à son maître :

« Sire, j'ai vu votre traître ; il a déclaré qu'il ira avec vous. Il a dit "oui", mais il n'en fera rien, car je connais et sais parfaitement que cela lui est pénible. »

Le seigneur n'éprouva pas une grande colère quand il entendit que son chevalier ne mettait pas d'obstacle à l'accompagner. Il dit :

« Il peut bien avoir peur celui qui s'est mis en mon pouvoir et exposé à être livré à la mort, car rien ne pourra le soustraire à la mort si le seigneur Bascol effectue ce voyage. »

Et ni promesse ni prière ne le fera changer d'état d'esprit. Le seigneur se met en route et déclare qu'il ira voir sire Bascol que l'amour fait se plaindre et souffrir et qui, souvent, dans une plainte, avec de douloureux soupirs, la nuit et le jour, disait :

« Amour, vous me faites accomplir une grande folie car j'agis envers mon seigneur de telle sorte que, pour peu qu'il pût le savoir, rien ne me sauverait la vie.

E saber... o sabra el ben,
car ieu non anarai per ren
la o mosenher anar vol.
E jes aissi esser no sol
145 c'anc no fes ost qu'ieu no.i anes
ni assaut en qu'el no.m menes.
E si d'aquest li dic de no,
sabra be per cal occaizo
soi remazutz, a mon vejaire.
150 Mas ieu say com o poirai faire :
dirai li que mal ai avut [...] [1]
e enquera no m'a laissat,
per que metge m'a cosselhat
que.m fassa un petit leujar. »
155 Ab tan s'es fag lo bras liar
e.l cap estrenher fort ab benda.
E dis que ja Dieu joy no.l renda,
si ja lai va qui non l'on forsa,
c'amors, que.l fai anar a dorsa,
160 li tol lo talen e.l trasporta.
Ab aitan sonet a la porta
lo senhor n'Amfos autamen,
et hom li vai obrir corren,
dins intr' e'n Bascol saluda :
165 « Senher, sel Dieu vos fass' ajuda
que venc sus en la crotz per nos. »
Dis lo senhor : « O et a vos,
Bascol, don Dieu gaug e salut.
Digatz, e qu'avetz avut ?
170 — Per Crist, senher, gran malautia.
— E co sera ? qu'ieu ja volia
anar en ost ! No. y anaretz ?
— Senher, si m'ajut Dieu ni fes,
be vezetz que no.y puesc anar,
175 e peza.m mot si Dieu mi gar. »

---

1. L'absence de rime donne à penser à une lacune d'un vers.

Pour le savoir... il le saura bien, car pour rien au monde je n'irai là où mon seigneur veut se rendre. D'accoutumée ce n'était pas ainsi, car jamais il n'a convoqué l'armée sans que je m'y rendisse et n'a livré bataille où il ne m'emmenât. Et si maintenant je refuse, à mon sens, il saura parfaitement pour quelle raison je suis resté. Mais je sais comment je vais agir : je lui dirai que j'ai eu une maladie [...] et qu'elle ne m'a pas encore laissé, aussi le médecin m'a-t-il conseillé de me faire un peu saigner. »

Il s'est alors fait attacher le bras et enserrer la tête d'un bandage. Il déclare renoncer à la joie que donne Dieu s'il se rend jamais là-bas, à moins que l'on ne l'y contraigne, car l'amour, qui le fait aller en le tourmentant, lui ravit sa volonté et l'entraîne.

Sur ce, sire Alphonse appela à haute voix à la porte ; on va lui ouvrir en courant, il entre et Bascol le salue :

« Sire, que Dieu qui monta pour nous sur la croix vous apporte son aide.

— Oui et à vous, Bascol, que Dieu donne joie et salut, répondit le suzerain. Dites-moi, que vous est-il arrivé ?

— Par le Christ, sire, une maladie grave.

— Et qu'en sera-t-il ? moi qui voulais me rendre à l'armée ! Ne m'accompagnerez-vous pas ?

— Sire, que Dieu et la foi m'apportent leur aide, vous voyez bien que je ne puis m'y rendre et cela me pèse fort, Dieu me garde.

Dis lo senher : « Oc ! et a me
en Bascol dos tans, per ma fe,
qu'ieu non puesc mudar que no.y an.
E vau m'en, a Dieu vos coman.
180 « Senher, et yeu vos a sa maire. »
Ab tan lo senhor de bon aire
s'en va e.l cavaier reman.
E.l bon mati, a l'endeman,
a fag sos cavals enselar
185 e pres comjat ses demorar,
et eys del castel mantenen
iratz e ples de mal talen,
car en Bascol es remazutz.
E es a un castels vengutz,
190 a doas legas lonhet d'aqui.
E tan tost can lo jorn falhi,
el a son caval esselat
e pueja, e si a levat
detras si un trotier pauquet.
195 Ab tan se met en la carrieiria.s met,
e torna s'en dreg a Barbastre,
e ditz que bastra mal enpastre
la nueg, si pot, a sa molher.
Lo caval dels esperos fer,
200 e broca tan que al portel
es vengut suau del castel,
dous la cambra de sa molher.
Lo caval laissa al trotier
e dis : « Amicx, aten m'aisi. »
205 Ab tan vay avan e feri
un colp suavet de sa man.
E.l pros dona ab cor sertan,
cant al portel sonar auzi,
dis : « Donzela, leva d'aqui,
210 leva tost sus e vay vezer,

— Certes ! répond Alphonse, et à moi deux fois plus, Bascol, sur ma foi, car je ne peux manquer d'y aller. Je m'en vais et vous recommande à Dieu.
— Et moi, sire, à sa mère. »
Sur ce, le noble seigneur s'en va et le chevalier reste. Le lendemain, de bon matin, sire Alphonse fait seller ses chevaux, prend congé sans délai et quitte aussitôt le château, irrité et plein de mauvaises intentions car sire Bascol est resté. Il s'est rendu à un château, à deux lieues de là. Et, dès que le jour a baissé, il a sellé et monté son cheval, un jeune palefrenier en croupe. Il se met alors en route et s'en va droit à Barbastre, se disant que, s'il le peut, la nuit, il préparera un méchant emplâtre à sa femme. Il éperonne son cheval et pique tant qu'il est arrivé, sans bruit, à la petite porte du château, du côté de la chambre de sa femme. Il laisse le cheval au palefrenier et lui dit :
« Ami, attends-moi ici. »
Il s'avance alors et frappe de la main un coup léger. La noble dame au cœur fidèle, lorsqu'elle entend appeler à la porte, dit :
« Demoiselle, lève-toi, lève-toi vite et va voir,

donzela, qu'ieu noca.y esper
cavayer ni home que vengua.
Ja Dieu, dis ela, pro no.m tengua
s'ieu non cre que mo senher sia
215 que m'asage ma drudaria
d'en Bascol, car huey no.l segui. »
Ab aitant autre colp feri.
« A donzela, leva tost sus ! »
E dis : « Ja non atendrai pus
220 c'ades non an vezer qui es. »
Lo portel obri demanes
et intret, e dis a l'intrar :
« Donzela, trop m'as fag estar
aisi que no.m venias obrir.
225 No sabias degues venir ?
— Non ! senher, si.m don Dieu bon astre. »
Ab tan lo senher de Barbastre
vai enan en guiza de drut ;
e ve.l vos dreg al lieg vengut
230 et agenolha.s mantenen,
e dis : « Bela dona plazen,
ve.us aisi vostr' amic coral,
e, per Dieu, no.m tenguatz a mal
c'uey ai per vos l'anar laissat [...] [1]
235 de mo senhor a qui fort peza.
Mas l'amor qu'en me s'es empreza
no.m laissa alhondres anar,
ni de vos partir ni lonhar,
don yeu sospir mantas sazos.
240 — Dïas me, senher, qui es vos ?
— Dona, e non entendes qui ?
Vevos aisi lo vostr'ami,
Bascol, que.us a loncx temps amada. »
Ab tan la dona s'es levada
245 en pes, et a.l ben conogut

---

1. L'absence de rime laisse supposer une lacune d'un vers.

demoiselle, car je n'attends ni chevalier ni personne. Que Dieu, ajoute-t-elle, me refuse son aide si je ne crois pas que c'est mon mari qui me met à l'épreuve pour voir si j'ai une liaison avec sire Bascol, car ce dernier ne l'a pas suivi aujourd'hui. »

On frappe alors un second coup.

« Demoiselle, lève-toi vite !

— Je n'attendrai pas davantage, dit-elle, pour aller voir qui c'est. »

Elle ouvrit aussitôt la porte ; le mari pénètre à l'intérieur et dit en entrant :

« Demoiselle, tu m'as fait demeurer ici trop longtemps avant de venir m'ouvrir. Ne savais-tu pas que je devais venir ?

— Non ! sire, que Dieu me soit favorable. »

Le seigneur de Barbastre s'avance alors à la manière d'un amant ; le voilà tout droit arrivé auprès du lit au bord duquel il s'agenouille aussitôt en déclarant :

« Belle et plaisante dame, voici votre amant de cœur et, par Dieu, ne me reprochez pas d'avoir aujourd'hui renoncé pour vous à partir avec mon seigneur qui en est fort chagriné. L'amour qui s'est déclaré en moi ne me laisse pas le pouvoir d'aller ailleurs, ni celui de me séparer de vous et de m'éloigner, c'est pourquoi je soupire souvent.

— Dites-moi, sire, qui êtes-vous ?

— Dame, vous ne comprenez pas qui ? Voici votre ami, Bascol, qui vous a longtemps aimée. »

La dame se lève alors ; elle a parfaitement reconnu

son marit, mas pauc l'a valgut ;
e crida tan can poc en aut :
« Per Crist, trachor degun assaut
don pieitz vos prenda no fezetz,
250 que pendut seretz demanes,
que res de mort no.us pot estorser ! »
Pren l'als cabelhs, comens' a torser
aitan can poc ab ambas mas ;
mas poder de dona es vas
255 que de greu maltrag leu se lassa,
e fiert petit cop de grieu massa.
E cant ela l'ac pro batut,
e rossegat e vil tengut,
ses tornas que anc no.l rendet,
260 ieys de la cambra, l'us sarret,
ar laisset son marit jauzen,
aisi com sel que mal no sen,
que semblan l'es que sia fina.
Ela del tost anar no fina
265 vas la cambra del cavayer
c'amors destrenhi' a sobrier.
E troba so que pus dezira ;
ela lo pren, vas si lo tira,
e comta.l tot cossi l'es pres.
270 Pueys l'a dig : « Bels amicx cortes,
ara.us don aisi de bon grat
so c'avetz tostemps dezirat,
c'amors o vol e m'o acorda ;
e laissem lo boc en la corda
275 estar sivals entro al jorn,
e, nos, fassam nostre sojorn. »
Aisi esteron a delieg [1],
tro al senh, abdos en un lieg
que.l dona levet ; issi s'en
280 et escrida tota la gen

---

1. Ms. « Aisi esteron a gran delieg ». Vers trop long d'une syllabe. Correction d'après I. Cluzel.

son mari (mais cela a peu profité à ce dernier) :

« Par le Christ, crie-t-elle le plus fort qu'elle peut, n'entreprenez aucun assaut dont vous pourriez retirer le pire, car vous serez pendu sur-le-champ et rien ne peut vous soustraire à la mort ! »

Elle le saisit par les cheveux, commence à les tordre aussi fort qu'elle le peut avec ses deux mains. Mais force de femme est vaine, car elle se lasse vite d'un effort pénible et frappe de petits coups avec une lourde masse. Lorsqu'elle l'eut bien battu, tiraillé et injurié, sans que jamais il le lui rende, elle sortit de la chambre, ferma à clef et laissa son mari joyeux, comme celui qui ne sent pas son mal, car il pense que sa femme est fidèle. Celle-ci ne laisse pas de se rendre rapidement dans la chambre du chevalier que l'amour tourmentait à l'extrême. Il trouve ainsi ce qu'il désire le plus. Elle le prend, l'attire à elle, et lui raconte tout ce qui lui est arrivé puis dit : « Bel ami courtois, je vous accorde maintenant de bon gré ce que vous avez toujours désiré ; l'amour le veut et me l'accorde. Laissons le bouc dans le piège, du moins jusqu'à l'aube, et, nous, prenons notre plaisir. »

Ils demeurèrent ainsi, tout à leur plaisir, ensemble dans un lit, jusqu'à ce que la cloche sonne et que la dame se lève. Elle quitte la chambre, ameute de ses cris les gens

a lurs albercx e comtet lur.
« Aujatz, dis ela, del tafur
en Bascol co.m volc enganar :
a nueg venc al portel sonar
285 a semblansa de mo senhor ;
intret en guiza de trachor
a mon lieg, e volc me aunir.
Mas yeu m'en saup tro jen guerir :
dins en ma cambra l'ai enclaus. »
290 Tug ne feron a Dieu gran laus,
e dizon : « Dona, be.us n'es pres
sol c'ades mueira demanes,
car hom non deu trachor sofrir. »
Ab tan se son anatz garnir,
295 e corron tug vas lurs albercx :
als us viratz vestir ausbercx,
als autres perpunhs e escutz,
capels, cofas et elms agutz ;
l'autre.s prenon lansas e dartz,
300 sempres venon de totas partz
candelas e falhas ardens.
E can n'Amfos auzi las gens
aisi vas si venir garnidas,
dedins a las portas tampidas
305 et escridet : « Senhors, no sia,
per Dieu lo filh Sancta Maria,
qu'en Bascol [1], vostre senhor, so. »
Et els trenco ad espero
las portas, per tan gran poder
310 que fer ni fust no.y poc valer.
E, cant el trencar las auzi,
tost en una escala salhi,
e puget en una bestor,
e pueis gitet l'escala por.
315 Mantenen an tot l'uys trencat,

1. Le sens donne à penser qu'il faut lire « En Amfos ». Lapsus révélateur du scribe.

dans leur logis et leur raconte l'affaire :

« Ecoutez, dit-elle, comment ce fripon de Bascol voulut me tromper : il vint frapper la nuit à ma petite porte, en faisant semblant d'être mon mari ; il pénétra dans ma chambre comme un traître jusqu'à mon lit et voulut me déshonorer, mais j'ai su très gentiment m'en tirer : je l'ai enfermé dans ma chambre. »

Tous adressèrent à Dieu de grands remerciements.

« Dame, dirent-ils, bien vous en a pris, mais qu'il meure sur-le-champ car on ne doit pas tolérer un traître. »

Ils allèrent alors s'équiper en courant vers leurs logis. Vous auriez vu les uns revêtir des haubolets, d'autres des pourpoints, des écus, des chapeaux, des coiffes et des heaumes pointus, d'autres encore se munir de lances et de dards ; sur-le-champ, arrivèrent de toutes parts des chandelles et des torches enflammées. Lorsque sire Alphonse entendit venir dans sa direction les gens ainsi équipés, il ferma les portes de l'intérieur et cria :

« Seigneurs, n'en faites rien, par Dieu le fils de Sainte Marie, je suis Alphonse, votre maître. »

Mais eux, en toute hâte, brisèrent les portes avec une violence telle que ni fer ni bois n'y purent résister. Quand Alphonse entendit qu'on brisait les portes, il bondit sur une échelle, gagna une corniche intérieure et rejeta l'échelle. Ils ont bientôt complètement brisé la porte

e son vengut al lieg armat,
   e cascus tan can poc sus fer,
   car cujon l[o] aqui trober [1].
   E can non [l'an] lains trobat [2]
320 son tug corrossos e irat,
   e.l dona n'ac son cor dolen.
   E, mentre l'anavon queren,
   vas la bestor fai un esgart
   e vi l'escal' a una part
325 que sos maritz ac por gitada ;
   e tornet dir a sa mainada :
   « Baros, yeu ai vist lo trachor.
   Ve.l vos en aquela bestor ?
   Dressatz l'escala e pujatz,
330 e si' ades totz pessejatz
   que sol no.l laissetz razonar. »
   Ab tan n'Amfos pres a cridar :
   « Baros, e quinas gens es vos ?
   Non conoissetz degus n'Amfos,
335 lo vostre senhor natural ?
   Ieu soi sel, si Dieu mi sal,
   e, per Dieu, no.m vulhatz aussir ! »
   E la dona fes un sospir ;
   al dissendre gitet un crit,
340 can tug conegro son marit.
   Ar crida, plora, planh e bray :
   « Bel senher dos, tan fol assay
   co vos auzes anc enardir,
   car tan gran paor de morir
345 non ac mais negus natz de maire !
   Bel senher dous, franc, de bon aire,
   per amor Dieu, perdonatz me,
   e truep, si.eus plas, ab vos merce,
   senher, que yeu no.us conoisia,
350 si.m sal lo filh Sancta Maria,

---

1. Ms. « car cujon.l aqui trober ». Vers trop court d'une syllabe. Correction d'après I. Cluzel. R. Lavaud et R. Nelli proposent la correction « Car cujon tug qu'el aqui er ».
2. Ms. « E can non lains trobat ». Ajout de « l'an » d'après I. Cluzel.

et sont arrivés armés au lit sur lequel chacun, pensant le trouver là, frappa autant qu'il put. Ne l'y [*ayant*] pas trouvé, ils sont tous courroucés et en colère et la dame en a le cœur attristé. Et, pendant qu'ils le cherchaient, elle jette un regard vers la corniche et voit à l'écart l'échelle que son mari avait rejetée ; elle reprend la parole pour dire à sa maisonnée :

« Barons, j'ai vu le traître. Le voici sur cette corniche ! Dressez l'échelle, grimpez et mettez-le en pièces sur-le-champ et qu'on ne le laisse même pas discuter. »

Alphonse se met alors à crier :

« Barons, quelle espèce de gens êtes-vous ? Aucun d'entre vous ne reconnaît Alphonse, votre seigneur légitime ? C'est moi, Dieu me sauve, et, par Dieu, renoncez à me tuer ! »

La dame émet un soupir ; lorsqu'il descendit elle poussa un cri, quand tous reconnurent son mari. Maintenant elle crie, pleure, se plaint et hurle :

« Beau doux seigneur, comment avez-vous osé entreprendre une épreuve aussi folle ? Jamais homme né de mère n'éprouva une aussi grande peur de mourir ! Beau doux seigneur, noble et de bonne lignée, pour l'amour de Dieu, pardonnez-moi et, s'il vous plaît, que je puisse trouver auprès de vous grâce, car je ne vous avais pas reconnu mais je croyais, que le fils de Sainte Marie m'accorde le salut,

enans me cujava de vos
qu'en Bascol de Cotanda fos. »
Et el respos : « Si Dieu mi sal,
no m'avetz fag enueg ni mal
355 de que.us calha querer perdo.
Mas a me que.l pus fals homz son,
e.l pus tracher que anc fos natz,
amiga dona, .m perdonatz,
qu'ieu ais vas mi meteis falhit
360 e.l vostre valen cors aunit
e, per colpa e per foldat,
mon bon cavayer adzirat !
E, per colpa de lauzengiers,
m'es vengutz aquest destorbiers
365 et aquesta desaventura.
Amiga dona, franqu'e pura,
per amor Dieu, perdonatz me,
e true[p] ab vos, sie.us plai, merce
e ajam dos cors a un cor
370 qu'ie.us promet que mays a nulh for
non creirai lauzengiers de vos,
ni sera tan contrarïos
nulh hom que mal y puesca metre.
— Aras, dis ela, faitz trametre,
375 senher, per vostre messatgier.
— De gaug, dona, e volontier
ho farai, pus vey c'a vos play.
— Senher, oc ! Et enqueras may
En Bascol anaretz vezer,
380 e digatz li que remaner
vos a fag, tro sia gueritz. »
Ab tant es del alberc partiz,
e fai so qu'ela li manda :
vezer va Bascol de Cotanda
385 e trames per sos cavayers,

que c'était sire Bascol de Cotanda. »

Alphonse lui répond :

« Dieu me sauve, vous ne m'avez fait ni mal ni chagrin dont il vous faille demander pardon. Mais à moi, qui suis l'homme le plus faux et le plus traître jamais né, dame amie, il faut accorder votre pardon car j'ai failli envers moi-même, j'ai déshonoré votre noble personne et, par ma faute et par ma folie, j'ai éprouvé de la haine pour mon bon chevalier ! C'est par la faute des médisants que m'est arrivé ce dommage et cette aventure. Dame amie, noble et pure, pour l'amour de Dieu, pardonnez-moi. Puissé-je, s'il vous plaît, trouver grâce auprès de vous et ayons deux corps et un seul cœur, car je vous promets que plus jamais, sous aucun prétexte, je ne croirai à votre sujet les médisants et nul ne sera assez hostile pour parvenir à vous rendre mauvaise à mes yeux.

— Maintenant, sire, dit-elle, envoyez-le chercher par votre messager

— Avec joie, dame, et je vais le faire bien volontiers, puisqu'il vous plaît.

— Bien, sire ! De plus, allez voir Bascol et dites-lui que vous êtes resté ici pour lui en attendant qu'il soit guéri. »

Le voilà parti du logis et il accomplit tout ce qu'elle lui ordonne : il va voir Bascol de Cotanda et envoie chercher ses chevaliers :

c'anc may tan gran alegrïers
non crec ad hom de son dan.
E que.us ira'altre comtan ?
Vas l'alberc tenc de son vassalh
390 en Bascol, dreg vas lo lieg salh,
e estet suau e en pauza
e ac be la fenestra clauza.
« Bascol, dis el, e cossi.eus vay ?
— Per Crist, senher, fort mal m'estai,
395 e agram be mestier salut !
E cosi es tantost vengut ? »
dis en Bascol a son senhor.
— « Bascol, ieu [1], per la vostr'amor,
soi remazutz e remanrai,
400 que ja en ost non anarai,
si vos ab mi non anavatz.
— Ieu, senher, guerrai, si Dieu platz ;
e pueis farai vos de bon grat
tota la vostra volontat. »
405 Ar s'en tornet vas son ostal,
e fo be jauzen de son mal.
E estet be, si Dieu be.m don,
car el tenia en sospeison
sela que falhit non avia,
410 mais ela saup de moisonia
trop may que el, segon que.m par,
per qu'ieu, francx rey, vos vuelh [*pregar*] [2]
vos, e ma dona la reÿna,
en cuy pretz e beutat s'aclina,
415 que gilozia defendatz
a totz los hom[*es*] [3] molheratz
que en vostra terra estan.
Que donas tan gran poder an,
elas an be tan gran poder
420 que messonja fan semblar ver,

---

1. Ms. « Dieu ». Le sens du vers impose « ieu ». Superbe lapsus que celui du copiste identifiant à Dieu le sujet de l'énonciation dont il s'arroge la place.
2. Vers faux sans l'ajout de « pregar » proposé à la rime par I. Cluzel.
3. Ms. « hom ». Vers faux supportant la forme « homes » proposée par I. Cluzel.

jamais une aussi grande joie n'échut à quiconque de son dommage. Qu'irais-je vous raconter d'autre ? Il se rendit au logis de son vassal sire Bascol et se précipita vers le lit ; celui-ci était tranquille et reposé, la fenêtre bien close.

« Bascol, demande-t-il, comment allez-vous ?
— Par le Christ, sire, fort mal et j'aurais bien besoin de la santé ! Mais comment êtes-vous revenu aussi vite ? » demanda Bascol à son seigneur.

« Bascol, au nom de l'amitié que je vous porte, je suis resté et resterai encore et je ne partirai jamais en expédition si vous ne venez pas avec moi.
— Je guérirai, sire, s'il plaît à Dieu, et puis j'accomplirai de tout cœur votre volonté. »

Alphonse regagna alors son domicile, tout heureux de son mal. Ce fut bien fait, par Dieu, car il avait soupçonné celle qui n'avait pas commis de faute, mais, ce me semble, elle s'y connaissait en tromperie bien plus que lui ; c'est pourquoi, noble roi, je veux vous prier, vous et ma dame la reine, devant qui s'inclinent mérite et beauté, que vous interdisiez la jalousie à tous les hommes mariés de votre royaume. Les femmes ont un si grand pouvoir — elles ont en effet une grande puissance — qu'elles font paraître le mensonge vérité

    e ver messonja eissamen,
    can lor plai, tant an sotil sen.
    Et hom gart se d'aital mestier,
    que non esti'en cossirier
425 tostemps mais, en dol et en ira,
    que soven ne planh en sospira
    hom que gilozia mante.
    May nulh mestier no fara be,
    qu'el mon tan laia malautia
430 no a, senher, can gilozia
    ni tan fola ni tan aunida,
    que pietz n'acuelh e mens n'evida,
    e es ne pieitz apparïans,
    c'ades li par que.l vengua dans.
435 — Joglar, per bonas las novelas,
    e per avinens e per belas,
    tenc, e tu que las m'as contadas.
    E far t'ai donar tals soldadas
    que conoisiras qu'es veritat
440 que de las novelas m'agrat ;
    e vuelh c'om las apel mest nos
    tostemps may *Castia Gilos.* »
    Can lo rey fenic sa razo,
    anc non ac en la cort baron,
445 cavaier, donzel ni donzela,
    sesta ni sest, ni sel ni sela,
    de las novas no s'azautes
    e per bonas non las lauzes,
    e que cascus no fos cochos
450 d'apenre *Castia Gilos.*

et, de même, la vérité mensonge, lorsque cela leur chante, tant elles ont l'intelligence subtile. Que l'homme se garde de pareille affaire afin de ne pas demeurer constamment en souci, en peine et en colère, car celui qui cultive la jalousie se plaint souvent et soupire. Il n'accomplira jamais rien de bien, car il n'existe pas au monde de plus vile maladie que la jalousie, sire, ni d'aussi insensée et méprisée ; le jaloux se montre moins accueillant et moins hospitalier, il est moins sociable car il lui semble constamment qu'il va lui arriver malheur.

— Jongleur, je tiens cette nouvelle pour bonne, agréable et charmante, ainsi que toi qui me l'a rapportée. Je vais t'en faire donner des gages tels que tu verras que la nouvelle m'agrée vraiment. Je veux qu'entre nous on l'appelle toujours le *Jaloux puni*. »

Lorsque le roi eut achevé son propos, il n'y eut pas dans la cour baron, chevalier, damoiseau et demoiselle, ni l'une ni l'autre, ni celui-ci ni celle-là, qui ne se réjouît de la nouvelle et n'en louât l'excellence, ni personne qui ne fût désireux d'apprendre le *Jaloux puni*.

LA NOUVELLE DU PERROQUET

Las Novas del Papagay

d'

ARNAUT DE CARCASSÉS

Dins un verdier de mur serrat,
a l'ombra d'un laurier folhat,
auzi contendr' un papagay
de tal razo com ye.us dirai.
5 Denant una don' es vengutz
e aporta.l de lonh salutz
e dis li : « Dona, Dieu vos sal,
messatje soy. No.us sapcha mal
si vos dic per que soy aisi
10 vengutz a vos en est jardi.
Lo mielher cavayer c'anc fos,
e.l pus azaut e.l pus joyos,
Antiphanor, lo filh del rey
que basti per vos lo torney,
15 vos tramet salutz cen mil vetz,
e prega.us per mi que l'ametz,
car senes vos no pot guerir
del mal d'amors que.l fay languir.
Encara.us dic may, per ma fe,
20 per que.l devetz aver merce :
car, si.eus play, morir vol per vos
may que per autre vieure joios. »
Ab tan la dona li respon
et a li dig : « Amic, e don
25 sai es vengutz e que sercatz ?
Trop me paretz enrazonatz,
car anc auzetz dir que dones
joyas ni que las prezentes
a degun home crestïa ;
30 trop vos es debatutz en va.
Mas car vos vey tan prezentier,
podetz a mi, en sest verdier,
parlar o dir so que volretz
que no.y seretz forsatz ni pres.
35 E peza.m per amor de vos,

A l'intérieur d'un verger clos par un mur, à l'ombre d'un laurier feuillu, j'entendis un perroquet soutenir une dispute sur un sujet que je vais vous indiquer. Il est venu devant une dame et lui apporte de loin des salutations et lui dit :

« Dame, Dieu vous sauve ! Je suis un messager. Ne prenez pas mal si je vous dis la raison qui m'amène à vous dans ce jardin. Le meilleur chevalier qui fut jamais, le plus séduisant et le plus gai, Antiphanor, le fils de roi qui organisa pour vous le tournoi, vous envoie cent mille saluts et vous prie, par mon entremise, de l'aimer, car sans vous il ne peut guérir du mal d'amour qui le fait souffrir. J'ajoute encore, sur ma foi, la raison pour laquelle vous devez avoir merci de lui car, s'il vous plaît, il préfère mourir pour vous plutôt que de vivre joyeux pour quelque autre. »

La dame lui répond alors en lui disant :

« Ami, d'où êtes-vous venu [*jusqu'*] ici et que cherchez-vous ? Vous me paraissez trop éloquent ; en effet, avez-vous jamais entendu dire que j'ai donné ou offert joyaux à quelconque chrétien ? Vous vous êtes démené en vain. Mais puisque je vous vois si prévenant, je vous autorise à me parler dans ce verger et à me dire ce que vous voudrez, car on n'essaiera ni de vous faire du mal ni de vous capturer. Il me pèse, pour l'amour de vous,

car es tan azautz ni tan pros,
car m'auzetz dar aital cosselh.
— Dona, et ieu m'en meravelh
car vos de bon cor non l'amatz.
40 — Papagay, be vuelh [que] sapiatz [1]
qu'eu am del mon lo pus aibit.
— E vos cal, dona ? — Mo maritz.
— Jes del marit non es razos
que sia del tot poderos ;
45 amar lo podetz a prezen,
apres devetz seladamen
amar aquel que mor aman
per vostr'amor, ses tot enjan.
— Papagay, trop es bel parliers.
50 Par me, si fossetz cavayers,
que jen saupratz dona prejar.
Mas jes per tan no.m vuelh laissar
qu'ieu no.us deman per cal razo
dey far contra luy trassio
55 a cuy ay plevida ma fe.
— Dona, so vos dirai yeu be :
amor non gara sagramen ;
la voluntat sec lo talen.
— Vos be dizetz, si Dieus m'aiut.
60 Ab tan vos ay ieu doncx vencut,
qu'ieu am mon marit may que re
que si' el mon, de bona fe,
e lunh autr' amador non vuelh.
Com auzas dir aital erguelh
65 qu'ieu am la on mos cors non es ?
— Dona, erguelh non dic yeu ges ;
par me que.us vulhatz corrossar.
Pero, si.m voletz escotar,
ja per razo no.us defendretz
70 d'Antiphanor que non l'ames.

---

1. Vers trop court supportant l'ajout de « que » devant « sapiatz ».

car vous êtes si plein de grâce et de mérite, que vous osiez me donner pareil conseil.

— Dame, moi je m'étonne que vous ne l'aimiez pas de tout cœur.

— Perroquet, je consens à ce que vous sachiez que j'aime l'homme le mieux pourvu de qualités du monde.

— Qui est-ce, dame ?

— Mon mari.

— Il n'est pas raisonnable que le mari ait toute chose en son pouvoir ; vous pouvez l'aimer publiquement, ensuite vous devez secrètement aimer celui qui, sans tromperie, meurt d'amour pour vous.

— Perroquet, vous êtes trop beau parleur. Il me semble que, si vous étiez un chevalier, vous sauriez bien courtiser une dame. Mais je ne veux point laisser pour cela de vous demander pour quelle raison je dois commettre une trahison contre celui à qui j'ai juré ma foi.

— Dame, je vais vous le dire aisément : l'amour ne prête pas attention aux serments et la volonté suit le désir.

— Vous dites vrai, Dieu me vienne en aide. Alors, je vous ai donc vaincu puisque j'aime mon mari plus que tout au monde, en toute bonne foi, et je ne veux point d'autre amant. Comment osez-vous me conseiller avec une telle arrogance d'aimer là où mon cœur n'est pas ?

— Dame, je ne fais pas preuve d'arrogance ; il me semble que vous vouliez vous emporter. Cependant, si vous daignez m'écouter, vous ne vous défendrez raisonnablement pas d'aimer Antiphanor.

Be us dic que dreitz es veramen
que devetz amar a prezen
vostre marit mays qu'autra re,
apres devetz aver merce
75 d'aissel que mor per vostr'amor.
Ne vos membra de Blancaflor
c'amet Floris ses tot enjan,
ni d'Izeut que amet Tristan
ni de Tisbe cant al pertus
80 anet parlar ab Piramus,
c'anc nulhs hom non [l'en] [1] poc tornar ?
En lieys vos podetz remirar.
Cal pro.y auretz s'Antiphanor
langis per vostr'amor ni mor ?
85 Lo dieu d'amor e las vertutz
say que vo'n rendran mals salutz,
et yeu meteys, que dezir n'ay
de vos tot lo mal que poirai,
s'en breu d'ora no m'autreyatz
90 que s'el vos ama vos l'amatz.
— Papagay, si Dieu m'acosselh,
encara.us dic que.m meravelh,
car vos tan gent [sabetz] parlar [2] ;
e pus tant me voletz prejar
95 d'Antiphanor, vostre senhor,
ieu vos reclam [3], pel dieu d'amor,
anatz vos en, que.us do comjatz,
e pregui vos que li diguatz
qu'eu m'acordaray en breumen [...] [4].
100 E si tant es que vuelh' amar [5],
d'aitan lo podetz conortar
que, pels vostres precx, l'amaray
e ja de luy no.m partiray.
E portatz li.m aquest anel
105 qu'el mon non cug n'aya pus bel,

1. Vers trop court supportant l'ajout de « l'en ».
2. Vers trop court supportant l'ajout de « sabetz » devant « parlar » donné par le manuscrit J.
3. Ms. « luy reclam ». Le sens exige plutôt « Ieu vos reclam » proposé par le manuscrit J.
4. L'absence de rime donne à croire à une lacune d'un vers.
5. Le manuscrit donne l'ordre des vers suivants : « qu'eu m'acordaray en breumen/que pels vostres precx l'amaray/e si tant es que vuelh amar/d'aitan lo podetz conortar ».

Je vous affirme qu'il est parfaitement légitime que vous aimiez en public votre mari plus que tout autre, mais ensuite vous devez avoir pitié de celui qui meurt d'amour pour vous. Ne vous souvenez-vous pas de Blanchefleur qui aima Floris [1] sans tromperie, d'Iseut qui aima Tristan [2], de Thisbé lorsqu'elle alla s'entretenir par le trou avec Pyrame [3] sans que personne ne pût l'en détourner ? En elle vous pouvez trouver un modèle. Quel profit tirerez-vous si Antiphanor languit d'amour pour vous et meurt ? Je sais que le dieu d'amour et les vertus vous rendront mauvaise monnaie et, moi-même, je dirai à votre propos tout le mal que je pourrai si, rapidement, vous ne m'allouez que s'il vous aime vous l'aimiez.

— Perroquet, Dieu me conseille, je vous répète que je m'étonne que vous sachiez si courtoisement discourir. Puisque vous voulez tant me prier en faveur d'Antiphanor, votre maître, je vous demande, au nom du dieu d'amour, de vous en aller, je vous donne congé, et je vous prie de lui dire que je prendrai bientôt une décision. [...] Et si tant est que je veuille aimer, vous pouvez d'autant le réconforter et [*lui dire*] que, grâce à vos prières, je l'aimerai et ne me séparerai jamais de lui. Portez-lui de ma part cet anneau, je ne pense pas qu'il en existe de plus beau au monde,

---

1. Floire et Blanchefleur font partie de la galerie des amants célèbres au Moyen Age. Il exista peut-être une version occitane de l'histoire des amours contrariées de ces jeunes gens qui s'aimèrent dès l'enfance et que seule la mort, grâce à la merveille d'un tombeau, réunira. Leur histoire, diffusée dans toute l'Europe, est principalement connue par deux versions en langue d'oïl.
2. Les amants de Cornouaille forment un autre couple aux amours contrariées. On ignore s'il exista une version occitane du roman de Tristan, connu en langue d'oïl dès le XIIe siècle grâce à Thomas d'Angleterre et à Béroul.
3. La légende de Pyrame et Thisbé vient d'Ovide (*Métamorphoses*, IV, 55-166). Il existe de cette légende une adaptation romane du XIIe siècle. Les amours de Pyrame et de Thisbé sont aussi des amours contrariées.

ab sest cordo ab aur obrat,
que.l prenga per m'amistat.
E gardatz vos que non estetz.
En sest verdier m'atrobaretz. »
110 Ab tan lo papagay respon :
« Dona, fay sel, si Dieus be.m don,
mot a aisi azaut prezen,
et ieu portar l'ay veramen
e car avetz tan bels esgarts
115 saludar l'ay de vostra part.
Dona, sel Dieu que no mentic
vos do d'Antiphanor amic,
e.m lays vezer c'abans d'un an
l'ames de cor ses tot enjan. »
120 Ab tan parto lor parlamen.
De laÿns, car ac gran talen
de la don' e d'Antiphanor,
del verdier, joyos, ses demor [1],
dreg a son senhor es vengut
125 e comta.l co s'es captengut.
E pueys l'a dig : « Senher, ja may
non er noiritz tal papagay
que tan digua per son senhor
com yeu ay dig per vostr' amor.
130 Dins el verdier m'aney suau,
no volia qu'en mon esclau
se pogues metre nulha res,
may volri' esser soutz que pres.
La dona trobey veramen ;
135 de vostr'amor li fi prezen,
e tramet vos aquest anel,
qu'el mon non cug n'aya pus bel,
ab sest cordo ab aur obrat,
que.l prendatz per s'amistat.
140 E prendetz lo per su' amor

---

1. Ms. « del verdier, joyos, ses lonc demor ». Vers trop long rendant possible la suppression de « lonc ».

ainsi que ce cordon ouvré d'or ; qu'il le prenne pour l'amour de moi. Prenez garde de ne pas vous attarder. Vous me retrouverez dans ce verger. »

Le perroquet répond alors :

« Dame, dit-il, que Dieu me bénisse, voici un bien courtois présent et je vais assurément le lui porter et, puisque vous manifestez de si belles dispositions à son égard, je le saluerai de votre part. Dame, que le Dieu qui jamais ne mentit vous donne Antiphanor pour ami et m'accorde de vous voir l'aimer de tout cœur, sans la moindre tromperie, avant un an. »

Ils mirent alors fin à leur entretien. De là, parce qu'il était pressé du désir d'aider la dame et Antiphanor et, plein de joie, du verger, sans délai, il se rendit auprès de son seigneur et lui conta la manière dont il s'est comporté.

Puis il lui déclara :

« Seigneur, jamais ne sera élevé un perroquet qui plaide pour son maître autant que je l'ai fait pour votre amour. Je me suis rendu discrètement dans le verger ; préférant rester libre plutôt qu'être capturé, je ne voulais pas que quiconque pût suivre ma trace. En vérité, je trouvai la dame ; de votre amour je lui fis le présent ; elle vous envoie cet anneau — je ne pense pas qu'il y en ait au monde de plus beau — ainsi que ce cordon ouvré d'or et vous demande de l'accepter au nom de son amour. Prenez-le pour l'amour d'elle

que Dieu vo'n do be et honor.
Mas jes no say per cal razo
no.s preguam sonh ni ochaizon
que puscara el verdier intrar :
145 jes no vos en say cosselhar [1],
mas yeu metrai foc a la tor
et al solier per vostr'amor,
e can lo foc er abrassatz,
poiretz intrar per espats [2],
150 ab vostra dona domnejar
e lieys tener et abrassar. »
Antiphanor respon breumen :
« Tornatz prymier al parlamen
a lieys parlar, si a vos platz,
155 doncx sestas razos li mostratz. »
Ab tan parto s'en abeduy.
Mot es lo papagay vas luy
fizels amicx e ses enjan.
Vas lo verdier s'en vay volan ;
160 la dona trobet sotz un pi,
saludet la en son lati.
« Dona, sel Dieu que vos criet
vos do[ne] [3] so que may voletz
e.us gar de mal e d'encombrier,
165 sol que.l vostre cavayer
vulhatz amar tan lïalmen,
com el fay vos ses falhimen.
— Papagay, si m'acosselh Dieus,
se trastot lo mon era mieus,
170 tot lo daria de bon cor
per l'amistat d'Antiphanor.
Mas aquest verdier es trop claus
e las gardas non an repaus ;
devo velhar tro al mati
175 car lunha nueg non prendo fi.

---

1. Le manuscrit donne l'ordre des mots suivants « jes no vos en cosselhar say ».
2. Vers trop court d'une syllabe.
3. Ms. « do », mais vers trop court d'une syllabe.

et qu'en échange Dieu vous accorde bien et honneur. Mais je ne sais absolument pas pour quelle raison nous ne nous soucierions pas de trouver l'occasion d'entrer dans le verger ; j'ignore quel conseil vous donner, mais, pour l'amour de vous, je vais mettre le feu à la tour et à l'étage et, lorsque le feu sera embrasé, vous pourrez entrer tout à loisir et courtiser votre dame, l'étreindre et l'enlacer. »

Antiphanor répond brièvement :

« Retournez tout d'abord au rendez-vous pour lui parler et, s'il vous plaît, exposez-lui ces projets. »

Ils se séparèrent alors. Le perroquet se montre à l'égard d'Antiphanor un fidèle et loyal ami. Il vola vers le verger ; il trouva la dame sous un pin et la salua dans son langage :

« Dame, que le Dieu qui vous créa vous accorde ce que vous souhaitez le plus et vous protège du mal et du chagrin, à la seule condition que vous vouliez aimer votre chevalier aussi fidèlement qu'il vous aime sans faillir.

— Perroquet, que Dieu me conseille, si le monde entier m'appartenait, je le donnerais de bon cœur pour l'amour d'Antiphanor. Mais ce verger est parfaitement clos et les gardiens ne se reposent jamais ; ils doivent veiller jusqu'au matin et ne relâchent pas leur surveillance une seule nuit.

— Dona, e no.y sabetz cosselh ?
— Ieu no, e no m'en meravelh
se vos cosselh non y sabetz.
Si fas, dona. Ar m'entendetz :
180 ieu tornaray vas mo senhor
c'ay laissat cossiros d'amor ;
encar' anueg l'en menaray,
al pe del mur l'en aduray.
Fuoc grezesc portaray, si.eus play,
185 ab que metray fuoc al cloquier
et a la tor et al solier [1] ;
e can lo foc sera enpres,
ilh y corron tug demanes
que.l voldran per fort escantir.
190 E vos no metatz lonc albir,
pessatz de luy e faitz l'intrar,
adoncx poiretz ab luy parlar.
E s'aquest cosselh vos par bos,
ab mal grat qu'en aia.l gilos,
195 poiretz ab luy aver delieg
e jazer ab el en un lieg. »
Ab tan la dona ditz : « Platz me,
e anatz lo querre desse. »
Ab tan lo papagay vay s'en
200 vas Antiphanor que l'aten.
Sobre son caval l'a [2] trobatz
de son garnimen adobatz.
Elm e ausberc viest sobre si
e caussas de fer atressi,
205 sos esperos d'aur tenc caussatz,
s'espaza sencha a son latz.
E.l papagay li venc denan.
« Senher, fay sel, al mieu senblan
anueg veiretz aisela re
210 que may amatz per bona fe.

---

1. Le Ms. donne l'ordre des vers suivants : « Fuoc grezesc aportaray/si.eus play, ab que metray/fuoc al cloquier et a la tor et al solier ». Ces vers sont trop longs ou trop courts. On adopte l'ordre et les corrections proposées par R. Lavaud et R. Nelli, *Les Troubadours. Le trésor poétique de l'Occitanie*, t. 2, Bruges, Desclée de Brouwer, 1966, p. 228.
2. Ms. « l'ay ».

— Dame, ne connaissez-vous pas quelque façon d'y remédier ?

— Non ! et cela ne me surprend pas si vous n'en connaissez pas non plus.

— Si fait, dame. Ecoutez-moi maintenant : je vais retourner auprès de mon maître que j'ai laissé dans le souci d'amour ; je le ramènerai dès cette nuit et le conduirai au pied du mur. J'apporterai du feu grégeois avec lequel, si cela vous agrée, je mettrai le feu au clocher, à la tour et au plancher. Lorsque le feu aura pris, tous les gardes y courront aussitôt et voudront l'éteindre à toute force. Quant à vous, ne réfléchissez pas longtemps, occupez-vous de lui et faites-le entrer, vous pourrez alors lui parler. Si ce projet vous paraît bon, vous aurez la possibilité, mal gré qu'en ait le jaloux, de prendre du plaisir avec Antiphanor et de vous coucher dans un lit en sa compagnie. »

La dame répond alors :

« Cela m'agrée, allez le chercher sur-le-champ. »

Le perroquet s'en va alors vers Antiphanor qui l'attend. Il l'a trouvé sur son cheval tout équipé, revêtu de son heaume, de son haubert ainsi que de ses jambières de métal, chaussé de ses éperons d'or, l'épée ceinte au côté. Le perroquet s'est posé devant lui :

« Sire, dit-il à ce qu'il me semble vous verrez cette nuit celle qu'en toute sincérité vous aimez le plus.

Vostra dona.us manda per mi
c'anetz vas lieys tot dreg cami.
Vïatz ! e cavalguatz suau,
lunhs hom no sapcha votr'esclau
215 ni lunha res, ses devinar,
no puesca saber nostr'afar.
Mas foc grezesc nos fay mestier,
en ola de fer o d'assier
ieu l'empenray entre mos pes ;
220 faitz me.l lieurar tost e ades. »
Antiphanor isnelamen
li'n fay lieurar a son talen.
Tan cavalguero per viguor
que la nueg foro prop la tor.
225 Las gaitas sono pel cloquier ;
l'una va e l'autra s'enquier ;
devo velhar tro al mati,
car luna nueg non prendran fi.
Ab tan Antiphanor dissen
230 e a pauzat son garnimen
de pres son caval, tot entier,
mas solamen son bran d'assier
que volc portar senh a son latz ;
e no l'es ops, d'aisso.m crezatz,
235 car ses temens'ab cor segur
es vengutz tro al pe del mur.
E.l papagay, de l'autra part,
intr'el verdier car trop es tart
de metre foc, car so senhor
240 laisset tot sol senes paor.
Denan la dona venc premier,
aisi com si fos esparvier ;
s'anet pauzar denan sos pes,
e pueys l'a dig tot en apres :
245 « Dona, mo senhor ai laissat

Votre dame vous mande par mon entremise de vous rendre auprès d'elle par le chemin le plus direct. Vite ! et chevauchez discrètement, que nul ne suive votre trace et que personne ne puisse connaître notre affaire, sauf à être devin. Mais il nous faut du feu grégeois ; je l'emporterai dans une marmite de fer ou d'acier entre mes pattes. Faites-m'en apporter au plus vite. ».

Antiphanor, rapidement, lui en fait livrer à sa volonté. Ils chevauchèrent avec une telle impétuosité qu'à la nuit ils arrivèrent près de la tour. Les gardiens appellent dans le clocher ; l'un va et l'autre l'interpelle ; ils doivent veiller jusqu'à l'aube, et n'auront de cesse de le faire une seule nuit. Antiphanor met alors pied à terre, dépose son équipement tout entier, auprès de son cheval, excepté sa seule épée d'acier qu'il veut garder ceinte au côté. Mais il n'en a pas besoin, croyez-moi, car il est arrivé au pied du mur sans peur, le cœur tranquille. Le perroquet, de l'autre côté, entre dans le verger car il est très urgent de mettre le feu ; il a laissé seul son maître sans crainte. Il se rendit d'abord auprès de la dame, aussi vite qu'un épervier, se posa à ses pieds et lui dit tout aussitôt :

« Dame, j'ai laissé mon maître

al portal major dezarmat.
Pessatz de luy e faitz l'intrar,
qu'ieu vauc lo castel abrandar.
-Papagay, per mon essien,
250 fag n'ay [ieu]tot l'assermamen [1].
Las claus del castel ai pres mi :
vec las vos sus aquest coissi.
Anatz metre foc al castel !
Anc may no cug per lunh auzel
255 fos tan ricx faits assaiatz,
com aquest er ni comensatz. »
E.l papagay seladamen [...] [2]
delas la tor, prop del terrier,
lor vay metre foc al solier.
260 De vas quatre locx s'es empres,
e.l crit se leva demanes :
« A foc ! » crido per cominal.
E la dona venc al portal
e a ubert senes comjat
265 de las gachas e mal lor grat.
Antiphanor intr' el verdier,
en un lieg dejotz un laurier
ab sa dona s'anet colcar.
E lunhs homs non o sap contar
270 lo gaug que fo entre lor dos,
cals pus fo del autre joyos :
vejaire lor es, so m'es vis,
c'aquo sia lur paradis.
Grans gautz es entre lor mesclatz.
275 E.l foc fo totz adarmortatz,
ab vinaigre.l fan escantir.
E.l papagay cuget morir,
tal paor ac de son senhor.
A l'enans que poc venc vas lor
280 e es se prop del lieg pauzatz

---

1. Ms. « fag n'ay tot l'assermamen ». Vers trop court.
2. L'absence de rime donne à croire à une lacune.

sans armes au portail principal. Occupez-vous de lui et faites-le entrer car je vais mettre le feu au château.

— Perroquet, à mon sens, j'ai tout préparé. J'ai par devers moi les clefs du château : les voici sur ce coussin. Allez mettre le feu au château ! Je ne pense pas que jamais oiseau ait tenté et entrepris aussi riche exploit que celui-là va l'être. »

Le perroquet du côté de la tour, près du terre-plein, va à la dérobée mettre le feu à l'étage supérieur. Le feu a pris des quatre côtés et la clameur monte aussitôt : « Au feu ! » crie-t-on d'une seule voix. La dame se rendit au portail et l'ouvrit sans l'autorisation des guetteurs et contre leur gré. Antiphanor pénétra dans le verger et alla se coucher avec sa dame dans un lit au-dessous d'un laurier. Personne ne saurait conter la jouissance qu'ils partagèrent et dire celui qui fut le plus heureux des deux : il leur semble, à mon avis, connaître là leur paradis. Une grande jouissance les unit l'un à l'autre. Mais le feu fut vite étouffé ; on l'éteignit avec du vinaigre. Le perroquet crut mourir tant il eut peur pour son maître. Aussi vite qu'il put il se dirigea vers eux et se posa près du lit

e ac lor dig : « Car no.us levatz ?
Anatz sus e departetz vos,
que.l foc es mortz tot ad estros ! »
Antiphanor, ab cor marrit,
285 s'es levat e pueys l'a dit :
« Dona, que voldretz vos mandar ?
— Senher, que.us vulhatz esforsar
de far que pros tan can poiretz,
en est segle tan cant vieuretz. »
290 Fay se vas el, baiza.l tres vetz.
Antiphanor s'en torna leu,
com filh de rey, ab son corrieu.
So dis n' Arnautz de Carcasses,
que precx a faitz per mantas res
295 e per los maritz castïar
que volo lors molhers garar,
que la laisso a lor pes anar,
... que may valra [1]
e ja degus no.y falhira.

---

1. Début de vers illisible sur le manuscrit.

et leur dit :

« Que ne vous levez-vous ? Debout et séparez-vous, le feu est complètement mort ! »

Antiphanor, le cœur serré, se leva et lui dit :

« Dame, que voudrez-vous me commander ?

— Sire, que vous vouliez vous efforcer de vous comporter en preux autant que vous le pourrez, aussi longtemps que vous vivrez en ce monde. »

Elle s'approcha de lui et l'embrassa trois fois. Antiphanor s'en retourna promptement, comme un fils de roi, avec son messager [1].

Voici ce que raconte sire Arnaut de Carcassès, qui adressa d'amoureuses prières à maintes dames, pour châtier les maris qui veulent garder leur épouse. Qu'ils les laissent aller à leur fantaisie... Cela vaudra mieux et désormais personne, sur ce point, ne sera en faute.

---

1. R. Nelli traduit « ab son corrieu » par « sur son coursier ». P. Bec propose d'entendre « avec son coursier » que nous traduisons par « avec son messager », messager qui renvoie sans doute au perroquet ayant servi de coursier à Antiphanor.

REPÈRES BIBLIOGRAPHIQUES

Éditions :

BOHS (W.), Abrils issi' e mays intrava. Lehrgedicht von Raimon Vidal von Bezaudun, *Romanische Forschungen*, XV, 1904, p. 204-316.

Cette édition a fait l'objet d'une reprise corrigée et annotée par R. Teulat, et d'une traduction française par A. Puygrenier d'après la traduction allemande (*Raimon Vidal de Bezaudun, Abrils issi' e mays intrava, Ensenhamen au jongleur, édition critique de Wilhelm Bohs 1904, présentation nouvelle de Roger Taulat et d'Annick Puygrenier*, Cournon d'Auvergne, éd. Orionis, 1988).

FIELD (W. H. W.), *Raimon Vidal. Poetry and prose*, vol. II, Chapel Hill, 1971 (texte et trad. anglaise).

FIELD (W. H. W.), *Raimon Vidal de Besalú, Obra poetica I et II*, Autores catalans antics 7 et 8, Curial, Barcelona, 1989.

Études :

JEANROY (A.), *Histoire sommaire de la poésie occitane des origines à la fin du XVIIIe siècle*, Toulouse, 1945, p. 100-101.

LIMENTANI (A.), L' « io » e la memoria, il mecenate e il giullare nelle « novas » di Raimon Vidal, *L'eccezione narrativa. La Provenza medievale e l'arte del racconto*, Turin, 1977, p. 45-60.

MONSON (D.A.), *Les ensenhamens occitans. Essai de définition et de délimitation du genre*, Paris, 1981, p. 90-94.

MÜLLER (E.), *Die alprovenzalische Versnovelle*, Halle, 1930, p. 88-96.

WILSON-POE (E.), The meaning of saber in Raimon Vidal's Abril issia, *Studia occitania*, II, Kalamazoo, 1986, p. 169-178.

EN AQUEL TEMPS C'OM ERA JAYS

Éditions :

CORNICELIUS (M.), *So fo e.l temps c'om era jays. Novelle von Raimon Vidal*, Berlin, 1888 (texte).

FIELD (W. H. W.), *Raimon Vidal de Besalú, Obra poetica I et II*, Autores catalans antics 7 et 8, Curial, Barcelona, 1989.

LAVAUD (R.) et NELLI (R.), *Les Troubadours. Le trésor poétique de l'Occitanie*, t. 2, Bruges, 1966, p. 168-185 (texte et trad. des vers 1068-1274, 1344-1397 de l'éd. M. Cornicelius donnés sous le titre *Judici d'Amor*).

MASSO TORRENTS (J.), *Repertori de l'antiga literatura catalana. La poesia*, I, Barcelone, 1935.

MILA Y FONTANALS (M.), *Los trovadores en Espagna*, Barcelone, 1861.

Études :

LIMENTANI (A.), L'« io » e la memoria, il mecenate e il giullare nelle « novas » di Raimon Vidal, *L'Eccezione narrativa. La Provenza medievale e l'arte del racconto*, Turin, 1977, p. 45-60.

MÜLLER (E.), *Die provenzalische Versnovelle*, Halle, 1930, p. 70-86.

CASTIA GILOS

Éditions :

CLUZEL (I.), *L'Ecole des jaloux (Castia Gilos)*, Paris, 1968 (texte et trad.).

FIELD (W. H. W.), *Raimon Vidal de Besalú, Obra poetica II, Anonim Castia Gilos*, Autores catalans antics 8, Curial, Barcelona, 1989.

LAVAUD (R.) et NELLI (R.), *Les Troubadours. Le trésor poé-*

tique de l'Occitanie, t. 2, Bruges, 1966, p. 186-211 (texte et trad.).

Études :

CALUWE (J. de), « La jalousie, signe d'exclusion dans la littérature médiévale en langue occitane », *Mélanges P. Jonin, Sénéfiance*, VII, Aix-en-Provence, 1979.

CLUZEL (L.M.), « Le fabliau dans la littérature provençale du Moyen Age », *Annales du Midi*, LXVI, 1954, p. 318-26.

LUCE-DUDEMAINE (M.-D.), *La « fin'amor » dans la littérature occitane du XIIIe siècle*, Thèse de doctorat de 3e cycle, Caen, 1984.

LUCE-DUDEMAINE (M.-D.), « La sanction de la jalousie dans les "novas" du XIIIe siècle », *La justice au Moyen Age, Sénéfiance*, XVI, Aix-en-Provence, 1986, p. 227-36.

MÜLLER (E.), *Die altprovenzalische Versnovelle*, Halle, 1930, p. 59-70.

NOOMEN (W.), « Le "Castia Gilos", du thème au texte », *Neophilologus*, LXXI, p. 358-71.

LAS NOVAS DEL PAPAGAY

Éditions :

BEC (P.), *Las novas del papagay*, Mussidan, 1988 (texte et trad.).

LAVAUD (R.) et NELLI (R.), *Les Troubadours. Le trésor poétique de l'Occitanie*, t. 2, Bruges, 1966, p. 214-35 (texte et trad.).

SAVJ-LOPEZ (P.), « La novella provenzale del Papagello, *Atti dell' accademia di archeologia, lettere e belle arti*, XXI, 1901, p. 1-82 (texte).

Études :

COULET (J.), « Sur la nouvelle provençale du "papagai" », *Revue des langues romanes*, IV, 1902, p. 289-330.

LAFONT (R.), « Des nouvelles du perroquet », *Revue des langues romanes*, XCII, 1988, p. 383-97.

LIMENTANI (A.), « Cifra cortese e contenimento del narrativo », *L'Eccezione narrativa. La Provenza medievale e l'arte del racconto*, Turin, 1977, p. 61-77.

ÉTUDES SUR LE ROMAN OCCITAN

BAUMGARTNER (E.), « Le roman aux XIIe et XIIIe siècles dans la littérature occitane », *Grundriss der romanischen Literaturen des Mittelalters*, IV, I, Heidelberg, 1978, p. 627-44.

HUCHET (J.-C.), *Du Poème au roman. Genèse et fortune du roman occitan médiéval*, 2 vol. Thèse de doctorat d'État, Université de Paris-Sorbonne, 1990.

HUCHET (J.-C.), *Le Roman occitan médiéval*, Paris, P.U.F., 1991.

LIMENTANI (A.), *L'Eccezione narrativa. La Provenza medievale e l'arte del racconto*, Turin, Einaudi, 1977.

MÜLLER (E.), *Die altprovenzalische Versnovelle*, Halle, 1930.

CHRONOLOGIE

1050-1100 : *Chanson de Roland.*

1071-1127 : Vie de Guillaume IX d'Aquitaine, comte de Poitiers, le plus ancien troubadour connu.

1150-1173 : Période de production du troubadour Raimbaut d'Orange.

1150-1170 : Composition des principales chansons de geste du cycle de Guillaume d'Orange.

1152-1165 : Composition des *Romans antiques (Thèbes, Enéas, Troie).*

1160-1180 : Période de production du troubadour Bernard de Ventadour.

1180 : Philippe Auguste roi de France.

1162-1196 : Alphonse II roi d'Aragon, Ier comte de Barcelone, IIe comte de Provence.

1162-1199 : Période de production du troubadour Guiraut de Bornelh.

1171-1190 : Période de production du troubadour Arnaud de Mareuil.

1172 : *Roman de Tristan* de Thomas d'Angleterre.

1170-1190 : Période de production de Chrétien de Troyes.

1189 : Mort d'Henri II Plantagenêt, roi d'Angleterre.

1180-1200 : Période de production du troubadour Folquet de Marseille.

1185-1206 : Période de production du troubadour Bertran de Born.

1185-1220 : Période de production du troubadour Gaucelm Faidit.

1190 : *Roman de Tristan* de Béroul.

1190-1200 : *Première Continuation de Perceval.*

1192-1212 : Période de production du troubadour Perdigon.

1196-1213 : Pierre II, roi d'Aragon, Ier comte de Barcelone.

1199 : Mort de Richard Cœur de Lion, roi d'Angleterre.

1203 : Quatrième Croisade.

1205 : Le troubadour Folquet de Marseille devient évêque de Toulouse.

1206 : *L'Estoire dou Graal* de Robert de Boron.

1200-1225 : Rédaction probable du roman *Jaufré.*

1207 : Mort du troubadour provençal Raimbaut de Vaqueiras né vers 1160.

1208 (janvier) : Le pape Innocent III appelle à la croisade contre l'hérésie cathare. Le comte de Toulouse est excommunié.

1209 (14 janvier) : Assassinat du légat pontifical Pierre de Castelnau. Le comte de Toulouse est accusé d'être l'instigateur du meurtre. Début de la Croisade contre les Albigeois.
(22 juillet) : Prise de Béziers qui appartient au comte de Foix, Raymond Roger Trancavel, neveu du comte de Toulouse. Massacre des habitants (10 000 morts). Simon de Montfort prend possession du vicomté de Trencavel et la tête des armées françaises.

1199-1213 : Rédaction par Raimon Vidal de Besalú d'*Abril issia et mays intrava* et de *En aquel temps c'om era jays.*

1210-1211 : Prise du château de Termes. Prise de Minerve et de Lavaur. Bûchers anti-cathares. Les croisés échouent devant Toulouse.

1212 : Victoire du roi d'Aragon contre les Musulmans à la bataille de Las Navas de Tolosa.

1213 (10, 11 et 12 septembre) : Bataille de Muret opposant les Catalans de Pierre II, Raimon VI de Toulouse aux Français de Simon de Montfort. Mort de Pierre II et d'Hugues de Mataplana.

1212-1213 : Rédaction par Guillaume de Tudèle de la première partie de *La Chanson de la Croisade albigeoise.*

1214 : Victoire de Philippe Auguste à Bouvines.

1213-1276 : Jacques Ier roi d'Aragon, Ier comte de Barcelone.

1215 (?) : Rédaction du *Castia Gilos* par Raimon Vidal de Besalú.

1215 : Concile de Latran reconnaissant à Simon de Montfort la possession des territoires conquis, de Narbonne et de Toulouse. Raimon VI condamné à l'exil.

1216-1218 : Raimon VII, le jeune comte de Toulouse entreprend la reconquête de ses territoires. Reprend Toulouse en 1218 devant laquelle Simon de Montfort est tué. Fin 1218, le futur roi de France Louis VIII prend Marmande et massacre la population.

1217 : Cinquième Croisade.

1218-1219 : Rédaction anonyme de la seconde partie de *La Chanson de la Croisade albigeoise.*

1220-1230 : Rédaction du *Lancelot en prose.*

1222 : Mort de Raimon VI.

1223 : Mort de Philippe Auguste. Louis VIII monte sur le trône de France.

1225 : Le Concile de Bourges excommunie Raimon VII et attribue ses domaines au roi de France.

1229 : Traité de Meaux, qui lève l'excommunication de Raimon VII ; sa fille Jeanne est promise à un frère du futur Louis IX. Certaines clauses consacrent l'intégration des aristocrates occitans dans la pyramide féodale française par l'hommage lige, le désarmement du pays et la destruction de nombreux châteaux.

1230 : Première rédaction du *Tristan en prose.*

1233 : Le pape Grégoire IX confie l'Inquisition aux Dominicains. Intensification de la lutte anti-cathare.

1230-1240 : Renaissance du catharisme.

1244 (16 mars) : Bûcher de Montségur (210 Parfaits y montent).

1240-1255 : Activités de résistance. La prise du château de Quéribus en 1255 marque la réduction des dernières poches de résistance.

1249 : Mort de Raimon VII.

1258 : Traité de Corbeil. Le roi d'Aragon Jacques Ier renonce à ses possessions sur le Languedoc.

1271 : Le roi de France Philippe III annexe l'Agenais, le Quercy, le Rouergue et l'Albigeois.

TABLE

Préface 7

NOUVELLES OCCITANES DU MOYEN AGE

Avril s'en allait et mai arrivait, *Abril issi'e mays entrava* 37

A l'époque où l'on était gai, *En aquel temps c'om era jays* 141

Le jaloux puni, *Castia Gilos* 223

La nouvelle du perroquet, *La Novas del Papagay* 251

Repères bibliographiques 271

Chronologie 277

PUBLICATIONS NOUVELLES

BALZAC
Un début dans la vie (613).

BAUDELAIRE
Les Fleurs du mal (527).

BECCARIA
Des Délits et des peines (633).

CASTIGLIONE
Le Livre du courtisan (651).

CHATEAUBRIAND
Vie de Rancé (667).

CHRÉTIEN DE TROYES
Le Chevalier au lion (569). Lancelot ou le chevalier à la charrette (556).

CONRAD
Nostromo (560). Sous les yeux de l'Occident (602).

DUMAS
Les Bords du Rhin (592).

FIELDING
Joseph Andrews (558).

FLAUBERT
Mémoires d'un fou. Novembre (581).

FROMENTIN
Une année dans le Sahel (591).

GAUTIER
Le Capitaine Fracasse (656).

GOGOL
Tarass Boulba (577). Les Ames mortes (576).

HUME
Enquête sur les principes de la morale (654). Les Passions. Traité sur la nature humaine, livre II - Dissertation sur les passions (557).

KAFKA
Dans la colonie pénitentiaire et autres nouvelles (564).

KANT
Vers la paix perpétuelle. Que signifie s'orienter dans la pensée. Qu'est-ce que les Lumières ? (573).

KLEIST
La Marquise d'O (586). Le Prince de Hombourg (587).

LAXNESS
La Cloche d'Islande (659).

LOTI
Madame Chrysanthème (570). Le Mariage de Loti (583).

MACHIAVEL
L'Art de la guerre (615).

MARIVAUX
Les Acteurs de bonne foi. La Dispute. L'Épreuve (166).

MAUPASSANT
Notre cœur (650). Boule de suif (584).

MELVILLE
Mardi (594). Omoo (590). Benito Cereno-La Veranda (603).

MORAND
Hiver Caraïbe (538).

MORAVIA
Les Indifférents (662).

NERVAL
Aurélia et autres textes autobiographiques (567).

NIETZSCHE
Le livre du philosophe (660).

PLATON
Ménon (491). Phédon (489).

PLAUTE
Théâtre (600).

PREVOST
Histoire d'une grecque moderne (612).

QUESNAY
Physiocratie (655).

SHAKESPEARE
Henry V (658). La Tempête (668). Beaucoup de bruit pour rien (670).

SMITH
La Richesse des nations (626 et 598).

STAEL
De l'Allemagne (166 et 167). De la littérature (629).

STEVENSON
L'Ile au Trésor (593). Voyage avec un âne dans les Cévennes (601).

STRINDBERG
Tschandala (575).

TÉRENCE
Théâtre (609).

THACKERAY
Barry Lyndon (559). Le livre des snobs (605).

Vous trouverez chez votre libraire le catalogue complet des livres de poche
GF-Flammarion et Champs-Flammarion.

GF — TEXTE INTÉGRAL — GF

91/11/M0205 — Impr MAURY Eurolivres SA, 45300 Manchecourt.
N° d'édition 13635. — mars 1992. — Printed in France.